가장 많은 현장 교사가 믿고 추천하는 우리 아이 첫 역사 입문서!

우리 역사를 처음 만나는 아이라면 꼭 읽어야 하는 책이다. 상상력이 풍부하고 이야기의 힘이 센 책이기 때문이다. 역사는 삶의 이야기라고 평소 생각해 왔는데, 이 책에는 우리 겨레 옛사람들의 살아 뛰는 삶이 담겨 있다. 이 책을 읽은 아이들이 만들어 갈 세상이 궁금하다.
— 김강수 서종초등학교 교사, 이오덕김수업연구소 연구원

전국 2000여 역사 선생님들의 교육 경험이 녹아 있는 책이기에 믿고 추천한다. 한솔이가 직접 체험하고 알게 된 역사 이야기를 읽으면서 나도 모르게 역사의 매력에 푹 빠져든다. 옛사람들의 고통과 기쁨을 느끼며 함께 울고 웃다 보면 저절로 역사 공부가 되는 책이다.
— 황은희 서울창원초등학교 교사, 역사교육연구소 어린이분과 연구원

역사라는 딱딱한 속살에 만화라는 말랑한 옷을 입힌 이 책은 따뜻하고 유쾌한 역사책이다. 만화 안에 연표, 사진 등이 조화롭게 배치되어 아이들의 이해를 돕는다. 어린이의 눈높이에 맞춰 쓴, 어린이를 위한 최고의 역사 만화라 할 만하다.
— 심은보 평택죽백초등학교 교사

어린이들이 읽기에 어렵지 않으면서 내용도 알찬 역사책을 찾기란 쉽지 않다. 내용과 재미를 모두 갖추었을 뿐만 아니라 아이들이 좋아하는 만화로 구성된 책이라 더 반갑다. 한솔이와 함께 떠나는 역사 여행을 통해 역사 공부의 참맛을 느낄 수 있는 책이다.
— 안선미 서울대학교사범대학부설중학교 교사

만화책이지만 굵직하면서도 단단한 깊이가 있다. 역사를 바라보는 시선이 따뜻하고 관점도 건강하면서 또렷하다. 역사는 단순히 외우는 지식, 과거에만 머무르는 지식이 아닌 현실에서의 의미를 함께 생각하는 지식임을 알려 준다. 역사와 금세 친해질 수 있게 하는 책이다.
— 윤일호 진안장승초등학교 교사

역사적 사실만 잔뜩 늘어놓는 교과서에서 아이들이 얻을 수 있는 것은 시험 점수뿐이다. 반면 이 책은 역사는 삶을 다루는 '옛이야기'라는 사실을 깨닫게 해 준다. 우리가 옛이야기를 즐겨 읽는 까닭은 시대를 뛰어넘는 삶의 지혜가 담겨 있기 때문이다. 옛이야기처럼 흥미롭고 재미있으면서도 역사와 시대를 보는 '지혜'라는 선물까지 선사하는 책이다.
—박진환 논산내동초등학교 교사

5000년 한국사 이야기를 꼭꼭 씹어 섬세하게 풀어내면서 초등학생의 눈높이와 마음을 읽어 내듯 유쾌하고 재미있다. 어린이들이 우리 역사의 장면들과 그 속의 인물들을 친근하면서도 새롭게 볼 수 있는 책이다.
—이민아 시흥연성초등학교 교사

역사는 암기 과목이라는 편견을 깨 주는 멋진 책이다. 아이들의 수준에 맞춰 알기 쉽게 풀어 가면서도 온 가족이 함께 읽어도 좋을 만큼 내용이 탄탄하다. 최신 연구 경향을 반영하여 알차게 구성된 점 또한 칭찬할 만하다.
—김성전 서울수리초등학교 교사

단순한 역사적 사실만 전달해 주는 것이 아니라 사건의 의미와 왜 그런 일이 일어났는지에 대해 아이들 스스로 생각해 볼 수 있도록 입체적으로 구성되어 있다. 역사는 지루하다는 아이들의 생각을 바꿔 주는 책이다.
—김정미 서울연희초등학교 교사

역사! 이 어려운 말도 알고 보면 이야기다. 지금 우리가 겪는 삶은 누군가의 생각이고 말이다. 그 흐름 위에 우리는 끊임없이 생각과 말을 섞는다. 지난 삶의 이야기를 결코 얕지 않게 《초등학생을 위한 살아있는 한국사》는 들려준다. 삶의 긴 흐름에 이야기를 섞는 힘과 눈을 우리 어린이들에게 선물하는 책이다.
—윤승용 남한산초등학교 교사

초등학생을 위한
살아있는 한국사

❸ 조선 건국부터 조선 후기까지

전국역사교사모임 원작 | 이성호 글 | 이은홍 그림

초대하는 글

《초등학생을 위한 살아있는 한국사》를 펴내며

《어린이 살아있는 한국사 교과서》를 펴낸 지 벌써 20년이 되었습니다. 2002년, 전국역사교사모임에서는 청소년을 위한 최초의 한국사 대안 교과서인 《살아있는 한국사 교과서》를 선보였어요. 완전히 새롭고 참신한 형태의 교과서를 제시했다는 평가와 함께 많은 관심과 사랑을 받았지요.

얼마 후 초등학생에게도 우리 역사를 제대로 알려주어야 한다는 생각으로 《어린이 살아있는 한국사 교과서》를 펴냈습니다. 만화에 관심이 많은 중학교 역사 교사 윤종배, 이성호 선생님이 글을 쓰고, 최고의 역사 만화가 이은홍 화백이 그림을 그렸지요. 이 책은 충실하고 탄탄한 내용으로 어린이들에게 많은 사랑을 받았어요.

책이 나온 지 10년이 넘어가던 2015년, 새로운 연구 성과를 반영하고 현대사 부분의 내용을 대폭 고쳐 개정판을 냈습니다. 본문도 좀 더 세련되게 편집했고, 제목도 《초등학생을 위한 맨처음 한국사》로 새롭게 달았지요. 감사하게도 개정판 역시 초등학생들에게 꾸준히 사랑받았답니다.

그리고 2024년, 이 책을 다시 새롭게 개정하게 되었습니다. 그동안 쌓인 역사 학계의 연구 성과와 바뀐 역사 교과서의 내용을 반영하고, 과장된 부분이나 오해할 수 있는 부분을 다듬었어요. 특히 시간이 흘러 현재와 다른 현대사 부분을 손보았지요. 급변하는 시대에 20년이나 된 책을 계속 펴내는 게 의미가 있을지에 대한 근본적인 고민도 했지만, 여전히 이 책을 찾는 초등학생 독자와

부모님이 많다는 사실에 용기를 냈어요.

　어린이 역사책이 쏟아지고 있지만, 초등학생 어린이들에게 자신 있게 권할 수 있는 책은 많지 않습니다. 《초등학생을 위한 살아있는 한국사》는 선생님들께서 수업에 활용하기도 하고, 친구들이 과제를 수행하는 데 쓰기도 하고, 가족과 함께 읽고 이야기를 나누기에도 좋아요. 역사적 사실을 넘어 그 의미와 교훈, 생각할 거리까지 다룰 수 있다는 점에서 다른 책에 비해 돋보이지요. 어린이의 눈높이에 맞춰 우리 역사를 친절하게 풀어 주어서, 읽을수록 그 속에 담긴 뜻과 재미를 느낄 수 있는 책이라고 자부합니다.

　부족한 부분이 많지만, 우리 역사를 처음으로 찬찬히 배워 나가는 데 《초등학생을 위한 살아있는 한국사》가 조금이나마 도움이 되기를 진심으로 바랍니다.

2024년 9월

전국역사교사모임, 이은홍·윤종배·이성호

작가의 말

얘들아, 우리 역사를 가지고 놀아 볼까?

'역사' 하면 어떤 느낌이 드니? 지겨울 것 같다고? 재미있을 것 같아? 뭐, 아무 느낌이 없어? 크~. 역사란 옛날 사람들이 어떻게 살았는지에 관한 이야기란다. 나랑 다른 시대에 살았던 많은 사람의 이야기. 그 속엔 전쟁도 있고, 사랑도 있고, 눈물도 있고, 웃음도 있지. 어때, 재미있을 것 같지?

그렇지만 가만히 남의 이야기만 듣다 보면 금방 따분해지게 마련이지. 타임머신을 타고 그 옛날로 가서 역사를 확 바꿔 버릴 수 있다면 어떨까? 정말 신나겠지? 물론 옛날에 이미 일어났던 일을 내가 실제로 바꿀 수는 없겠지. 그렇지만, '그 상황에서 그 사람은 왜 그런 선택을 했을까, 나라면 과연 어떤 선택을 할까' 하고 생각해 볼 수는 있단다. 내 머리로 생각하는 역사, 내가 다시 만들어 보는 역사는 얼마든지 가능하다는 얘기야. 그게 역사를 공부하는 진짜 이유이기도 하고.

역사 만화책 벌써 많이 봤다고? 그래, 요즘 역사 만화책이 참 많더구나. 우리 친구들이 쉽게 다가갈 수 있는 역사 만화가 많아진 건 아주 좋은 일이라고 생각해. 하지만 좀 걱정스럽기도 해. 재미만 생각해서 별로 믿을 수 없는 이야기를 진짜인 것처럼 쓴 책도 있고, 정작 필요한 내용보다는 우스갯소리만 잔뜩 늘어놓은 책도 있더구나. 무엇보다 왜 역사를 공부해야 하는지, 어떻게 역사를 공부해야 하는지에 대해 생각해 볼 수 있는 좋은 역사 만화책은 아직까지 별로 없는 것 같아.

　이 책은 원래 중·고등학생들을 위한 《살아있는 한국사 교과서》라는 책을, 초등학생들도 알기 쉽게 만화로 만든 거란다. 교과서를 만화로 만들었기 때문에, 이야기 하나하나마다 어떤 내용이 정말 중요하고 알아야 할 내용인지, 이 이야기를 읽고 나면 어떤 생각을 할 수 있을지, 또 이 내용을 잘 알기 위해서는 어떤 방법으로 어떻게 공부하면 좋을지를 꼼꼼히 따져 봤단다. 이야기 하나하나가 나름대로 의미가 있으면서 전체가 다시 연결되도록 말이야.

　그렇다고 '공부'만 앞세운 재미없는 책은 절대 아니니까 걱정하지 마. 아까도 얘기했지만, 자기 머리로 생각하는 역사가 진짜 역사야. 그래도 혹시 좀 어려운 부분이 있다면, 주인공 한솔이처럼 선생님이나 부모님과 함께 읽으면서 이런저런 이야기를 나눠 보렴. 어느새 생각이 부쩍 커진 스스로를 발견하게 될 거야.

　자, 이제 준비됐지? 우리 다 같이 한솔이와 함께 우리 역사가 펼쳐지는 풍성한 잔치 마당에 가서 신나게 놀아 보자고!

이은홍·윤종배·이성호

차례

초대하는 말 4
작가의 말 6
등장인물 소개 10

1장 새 나라 조선이 서다 12
역사 돋보기 정도전과 정몽주, 동지에서 적으로 24

2장 유교의 가르침을 바탕으로 26
역사 돋보기 500년 도읍지 서울 38

3장 훈민정음을 만들다 40
역사 돋보기 우리 하늘은 우리가 본다 52

4장 도적이 의적 되는 세상 54
역사 돋보기 왕의 이름은 어떻게 정할까? 66

5장 사림이 정치의 중심에 서다 68
역사 돋보기 엽기적인 그 왕, 연산군 80

6장 일본의 침략에 맞서 싸우다 82
역사 돋보기 위기일발, 《조선왕조실록》 94

7장 북벌이냐 북학이냐 96
역사 돋보기 소현 세자는 독살되었나? 108

8장 대동법을 확대하라 110
역사 돋보기 삶의 한순간을 담은 그림, 풍속화 122

9장 토지를 농민에게 124
역사 돋보기 호랑이 담배 피던 옛날은 언제? 136

10장 상공업을 발전시키자 138
역사 돋보기 거름지고도 따라간 장날 150

11장 화성을 쌓아라 152
역사 돋보기 조선의 르네상스, 진경 산수화 164

12장 새로운 세상을 꿈꾸는 농민들 166
역사 돋보기 말뚝이가 여는 세상 178

13장 평안도에서 일어난 홍경래 180
역사 돋보기 천하대장군, 지하여장군 192

14장 전국적으로 일어나는 민중들 194
역사 돋보기 까치 호랑이 206

등장인물 소개

한솔
호기심 많고 덜렁대는 초등학교 3학년 장난꾸러기.
살아 있는 우리 역사를 느끼면서 조금씩 생각이
깊어지는 우리의 주인공.

한솔이 누나
한솔이의 중학생 누나.
한솔이 덕분에 역사에 관심을 가지게 된다.

한솔이 할아버지
구수한 입담으로 한솔이에게 우리 역사를
이야기해 주시는 자상한 외할아버지.

한솔이 부모님
강화도 고인돌 유적지에서 만난 인연
때문인지 우리 역사를 가족만큼이나
사랑하시는 한솔이의 부모님.

아름
선생님 질문에 가장 먼저 '저요, 저요!'를 외치는 똑똑한 모범생. 가끔은 잘난 척도 하지만 밉지 않은 한솔이의 단짝 친구.

현수
공부는 못하지만 마음씨만은 1등인 개구쟁이. 까불거리며 엉뚱한 말을 많이 해 아이들을 웃긴다.

한솔이네 반 담임 선생님
언제 어디서나 한솔이네 반을 이끌어 주시는 선생님. 밝고 친절해서 아이들에게 '인기 짱'이다.

한솔이 이모
역사에 대해 모르는 게 없는 척척박사. 한솔이의 친절한 역사 도우미.

1장

새 나라 조선이 서다

역사 연대표

- **1392년** 이성계 즉위(태조), 조선 왕조 시작
- 1400년 제2차 왕자의 난, 이방원 즉위(태종)
- 1446년 세종, 훈민정음 반포
- 1453년 수양 대군, 정변에 성공(계유정난)
- 1506년 연산군 몰아내고 중종 즉위
- 1592년 임진왜란 발발
- 1636년 병자호란
- 1708년 전국적으로 대동법 실시
- 1732년 담배 재배 금지
- 1791년 금난전권 폐지
- 1796년 화성 완성
- 1805년 안동 김씨, 세도 정치 시작
- 1811년 홍경래, 평안도 농민 전쟁 일으킴
- 1862년 진주 민란을 비롯해 전국에서 민란

경복궁 근정전

새 술은 새 부대에. 고려를 무너뜨리고 조선을 세운 사람들은 수도를 한양으로 옮기고 새 궁궐 경복궁을 지었다. '부지런히 나랏일에 힘쓰라.'는 뜻의 근정전은 유교 이상에 따라 세워진 나라 조선의 특징을 잘 보여 준다. 이성계와 신진 사대부들이 주도한 새 나라 건설은 과연 혁명이었을까, 반역이었을까?

1장 새나라 조선이 서다

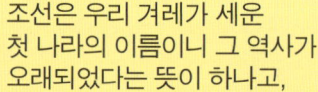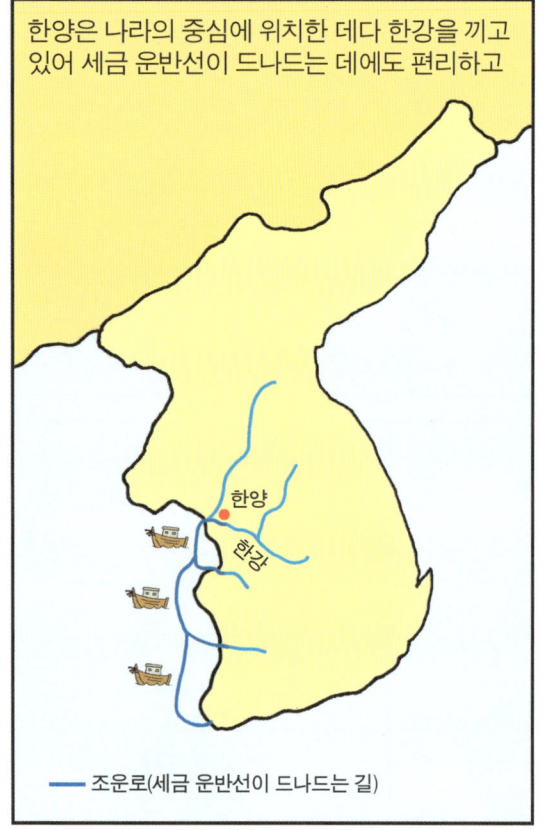

 역사 돋보기

정도전과 정몽주, 동지에서 적으로

정몽주 : 우리는 새로운 유학인 성리학을 배운 유학자들이네. 유학의 근본이 뭔가? 충과 효 아닌가? 그런데 어찌 임금을 배신하고 반역을 할 수 있단 말인가?

정도전 : 허허, 왜 그리 답답한가? 백성이 나라의 근본인데, 백성의 마음이 이미 고려를 떠난 것을 왜 모르는가?

정몽주 : 그래서 개혁을 하자는 것 아닌가? 나도 이성계 장군의 위화도 회군을 환영한 것은 물론, 권문세족을 몰아내는 개혁에도 찬성한 사람일세. 그렇지만 반역은 안 되네.

정도전 : 자꾸 반역 반역 하는데, 자네도 위화도 회군 후 우왕을 몰아내고 창왕을 세울 때는 찬성하지 않았나?

정몽주 : 임금 하나를 바꾸는 것과 나라를 바꾸는 것이 어찌 같단 말인가?

정도전 : 다를 게 무언가? 임금이 임금답지 못하면 백성의 뜻에 따라 바꾸는 것이 하늘의 이치 아닌가?

정몽주 : 임금이 임금답게 나라를 다스릴 수 있도록 도와주는 것이 신하의 도리인 게지. 부모가 부모답지 못하다고 부모를 버려서야 되겠는가?

정도전 : 그렇게 고집부릴 일이 아닐세. 고려는 이미 운이 다하였네. 가망이 없어. 새 술은 새 부대에 담아야 하는 법이야.

정몽주 : 누가 뭐래도 나는 고려 왕조를 버리지 않을 것일세.

선죽교
고려에 대한 충정을 버리지 않았던 정몽주는 결국 선죽교에서 이방원이 보낸 자객의 철퇴를 맞고 쓰러졌다.

 덤

강녕전에는 왜 용마루가 없을까?

임금이 머무는 곳을 궁궐이라 하는데, 서울에는 경복궁 외에도, 창덕궁, 창경궁, 경운궁(덕수궁), 경희궁 등 많은 궁궐이 남아 있다. 궁궐 안은 크게 신하들이 업무를 보는 곳, 왕과 신하들이 만나 나랏일을 의논하는 곳, 왕과 그 가족이 사는 곳, 이렇게 세 부분으로 나뉘어 있다. 이 중에서도 궁궐 가장 깊숙한 곳에는 임금의 침실인 강녕전과 왕비의 침실인 교태전이 자리하고 있는데, 그 모습이 다른 건물들과는 좀 다르다. 지붕 위에 용마루가 없는 것이다. 왜 그럴까? 바로 왕을 용이라고 생각하였기 때문이다. 용 위에 또 용이 있을 수는 없으므로 용마루를 놓지 않은 것이다.

용마루란?
건축물 지붕에서 가장 높은 마루.

2장

유교의 가르침을 바탕으로

역사 연대표

- 1392년   이성계 즉위(태조), 조선 왕조 시작
- **1400년   제2차 왕자의 난, 이방원 즉위(태종)**
- 1446년   세종, 훈민정음 반포
- 1453년   수양 대군, 정변에 성공(계유정난)
- 1506년   연산군 몰아내고 중종 즉위
- 1592년   임진왜란 발발
- 1636년   병자호란
- 1708년   전국적으로 대동법 실시
- 1732년   담배 재배 금지
- 1791년   금난전권 폐지
- 1796년   화성 완성
- 1805년   안동 김씨, 세도 정치 시작
- 1811년   홍경래, 평안도 농민 전쟁 일으킴
- 1862년   진주 민란을 비롯해 전국에서 민란

성균관 명륜당

전국에서 모인 200여 명의 수재들이 공자와 맹자, 주자의 가르침을 밤낮으로 공부하며 장차 나라의 일꾼이 될 준비를 하던 곳 성균관. 명륜당 앞뜰의 거대한 은행나무는 500년간 성균관을 거쳐 간 수많은 인재의 포부를 넉넉히 품어 주었을 것이다. 이들이 꿈꾸었던 나라는 과연 어떤 나라였을까?

2장 유교의 가르침을 바탕으로

31 2장 유교의 가르침을 바탕으로

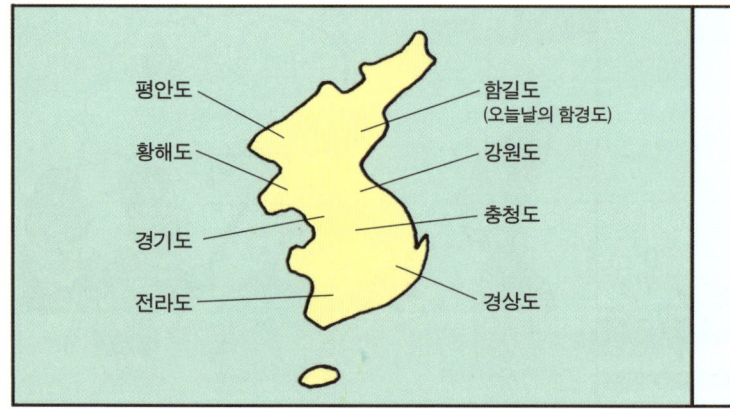

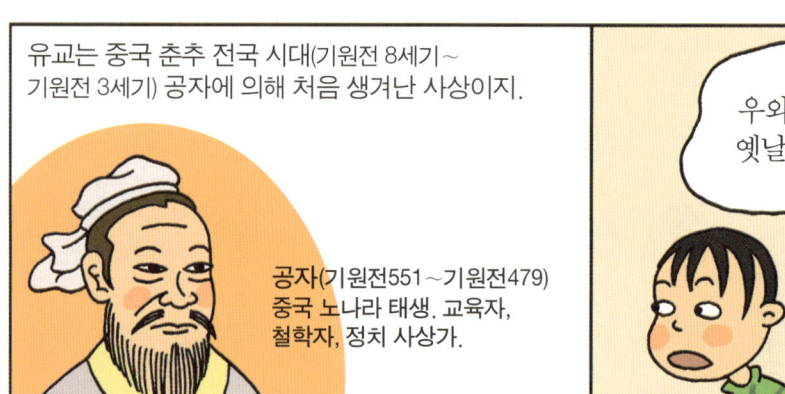

 **역사 돋보기**

500년 도읍지 서울

한양을 수도로 정하는 데에는 풍수지리설도 많은 영향을 끼쳤다. 한양은 북악산을 등지고 남산을 바라보며 좌우로 낙산과 인왕산을 거느린 명당이다. 게다가 그 사이로 청계천이 흐르니 더 바랄 나위가 없었다. 북악산 아래 땅의 기운이 모이는 바로 그 자리에 경복궁을 지었다. 전설에 따르면, 공사 중 궁궐이 자꾸 무너져 고민하고 있었는데, 어떤 노인이 나타나 "한양이 학의 모양이라, 등에 짐을 지우면 학이 날갯짓을 하는 것이니, 날개를 먼저 눌러 주어라."고 일러 주어 성을 먼저 쌓았다고 한다. 성을 쌓는 일은 매우 힘들어 "남산에 돌 캐러 가느라, 정(丁) 남은 게 없네."라는 노래가 유행하기도 하였다. 여기서 '정'은 돌을 쪼는 도구로, 어른 남자를 가리키는 말이기도 하다. 지금도 남산이나 낙산 자락에서 이때 쌓은 성곽을 확인할 수 있다. 성에는 당연히 문도 냈다. 4개의 큰 문과 4개의 작은 문이 있었는데, 이 중 4개의 큰 문 이름은 유교의 가르침인 '인의예지'를 붙여 지었다.

동대문은 흥인지문, 서대문은 돈의문, 남대문은 숭례문, 북대문은 숙정문이라 한 것이다. 동대문은 낙산이 너무 낮고 빈약하여 '지' 자를 더하였고, 숭례문은 관

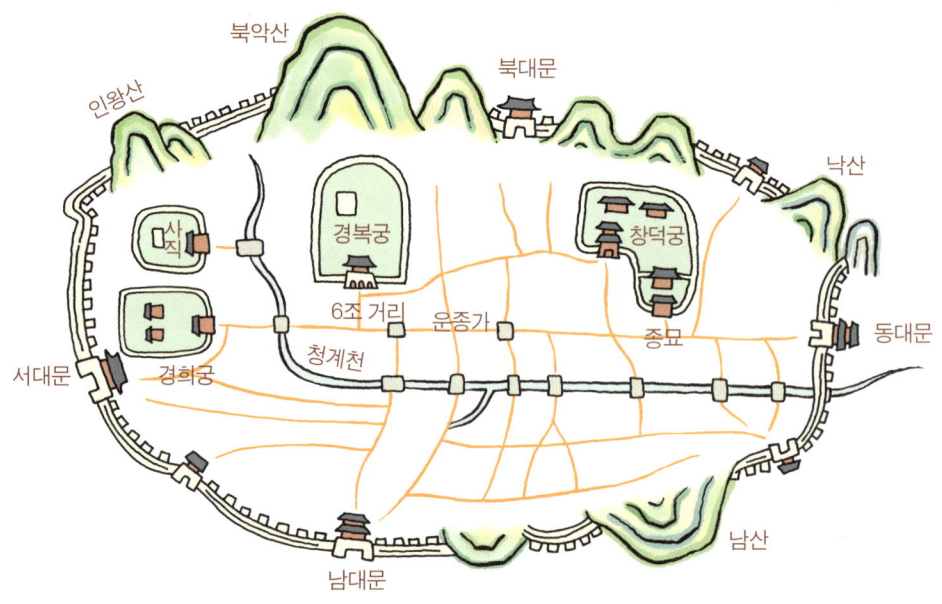

악산의 불기운을 막기 위해 현판을 세로로 달았다. 이 문들은 밤 10시경에 닫아 새벽 4시쯤에 열었다. 남대문은 국보 제1호, 동대문은 보물 제1호로 지정되어 있다.
경복궁의 남문인 광화문 앞쪽으로 큰 길이 있어 이곳에 관청들이 들어섰고(6조 거리), 6조 거리의 오른편 종로가 있는 길에는 상점들이 들어섰다(운종가). 옛 법도에 따라 동쪽에는 죽은 임금들의 영혼을 모시는 종묘, 서쪽에는 땅과 곡식의 신을 모시는 사직을 두었다.

남대문
성벽은 잘려 나갔지만 도성의 출입문이었던 남대문과 동대문은 서울의 상징으로 남아 있다.

 덤

왕의 영혼이 머무는 집, 종묘

죽은 임금들의 영혼을 모시는 종묘와 땅과 곡식의 신을 모시는 사직은 '종묘 사직'이라 하여 옛부터 왕조 혹은 나라 그 자체를 나타내는 말이었다. 지금의 종묘는 태조 때 처음 만들어졌다가 임진왜란 때 불타 선조 때 다시 지은 것이다. 종묘의 정전은 일체의 장식을 없앤 단순하면서도 웅장한 모습으로, 절로 사람들의 옷깃을 여미게 만든다. 1996년 유네스코 지정 세계 문화 유산이 되었으며, 매년 5월 첫째 일요일에는 영혼들을 위로하기 위한 종묘 제례악(사진)이 연주된다.

3장

훈민정음을 만들다

역사 연대표

- **1392년** 이성계 즉위(태조), 조선 왕조 시작
- **1400년** 제2차 왕자의 난, 이방원 즉위(태종)
- **1446년** 세종, 훈민정음 반포
- **1453년** 수양 대군, 정변에 성공(계유정난)
- **1506년** 연산군 몰아내고 중종 즉위
- **1592년** 임진왜란 발발
- **1636년** 병자호란
- **1708년** 전국적으로 대동법 실시
- **1732년** 담배 재배 금지
- **1791년** 금난전권 폐지
- **1796년** 화성 완성
- **1805년** 안동 김씨, 세도 정치 시작
- **1811년** 홍경래, 평안도 농민 전쟁 일으킴
- **1862년** 진주 민란을 비롯해 전국에서 민란

《훈민정음 해례본》

"나라말이 중국과 달라 글자로 서로 통하지 않는다. 이 때문에 어리석은 백성들이 이를 것이 있어도 그럴 수가 없다. 내 이를 불쌍히 여겨 새로 스물여덟 글자를 만드니, 사람마다 쉽게 익혀 편히 썼으면 할 뿐이다."

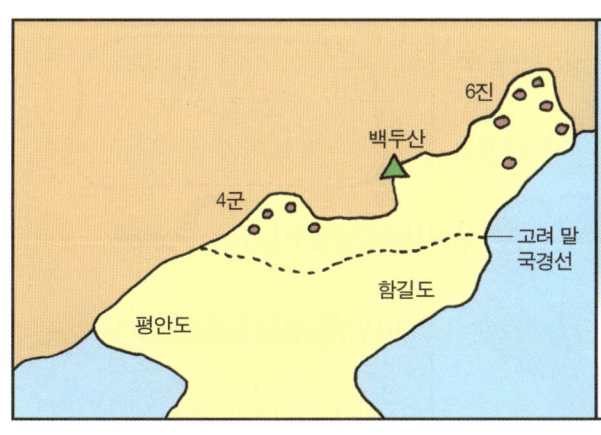

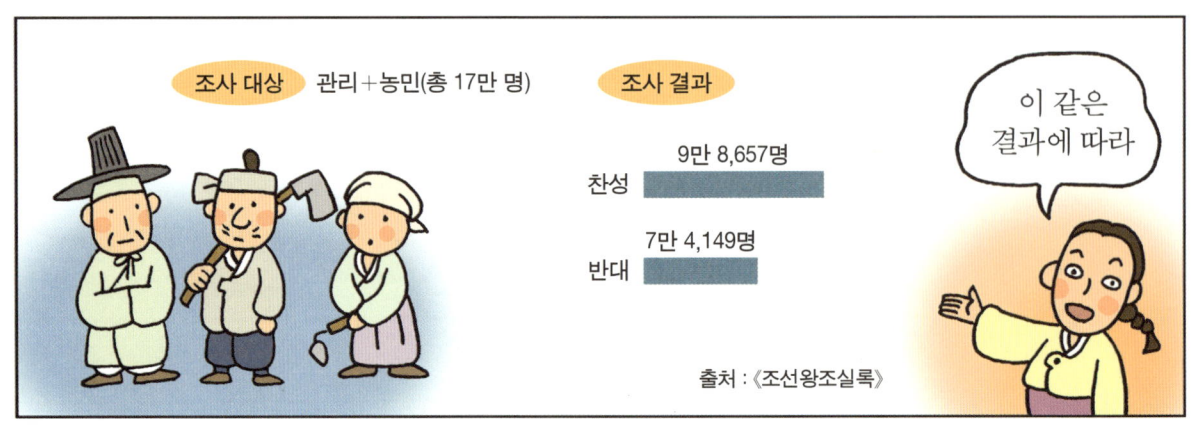

이어서 쟁점 토론 '훈민정음 편'을 진행하겠습니다.

오늘은 정부 내에서 논란이 일고 있는 새로운 글자 '훈민정음'에 대해 토론해 봅니다.

영광스럽게도 왕께서 직접 나와 주셨습니다.

꾸벅

그리고 훈민정음을 반대하는 최만리 대감 나오셨습니다.

먼저 임금께서 새로운 글자를 만드신 이유를 말씀해 주시죠.

네, 그럽시다!

어험~! 한자가 있다 하나 그것은 중국말을 적기 위한 것이오.

우리말을 적기 위한 것이 아니어서 표현할 수 없는 것이 많고,

꿈틀꿈틀은 어떻게 적지?

오싹오싹은?

3장 훈민정음을 만들다 47

3장 훈민정음을 만들다

 역사 돋보기

우리 하늘은 우리가 본다

이성계가 어느 날 꿈을 꾸었다. 다 허물어져 가는 집에서 잠을 자다가 집이 무너질 것 같아 서까래 3개를 등에 지고 뛰어 나오는 꿈을 꾸었던 것이다. 무학 대사는 이를 '사람이 서까래 3개를 짊어진 것은 왕(王)자 형상이니, 무너지는 고려 왕조를 대신하여 이성계가 왕이 될 것임을 하늘이 알려 준 꿈'이라고 풀이하였다. 조선을 세운 사람들은 이렇게 새로운 나라가 하늘의 뜻에 따라 세워진 것임을 강조하였다.

하늘의 뜻을 강조하려면, 하늘의 운행 법칙을 잘 살피고 이를 미리 예언할 필요가 있었다. 해가 가려지는 일식이나 달이 가려지는 월식 같은 일은 하늘이 세상에 보내는 경고라고 생각하였기 때문에, 이를 미리 알고 경계할 필요가 있었던 것이다.

이에 조선의 임금들은 천문 관측에 많은 공을 들였다. 특히 세종 때는 하늘을 관측하기 위해 간의, 혼천의, 앙부일구, 자격루 등을 만들었다. 그리고 이를 이용하여 천문을 관측하고 그 기록을 연구하여 《칠정산》이라는 역법책을 만들었다. 《칠정산》이 만들어짐에 따라 조선은 한양을 기준으로 날짜와 시간을 계산하고 일식과 월식을 정확히 예견할 수 있었다. 당시 이렇게 자기 나라를 기준으로 천문 현상을 관측하고 시간을 계산할 수 있었던 곳은 아라비아와 중국, 그리고 조선뿐이었다.

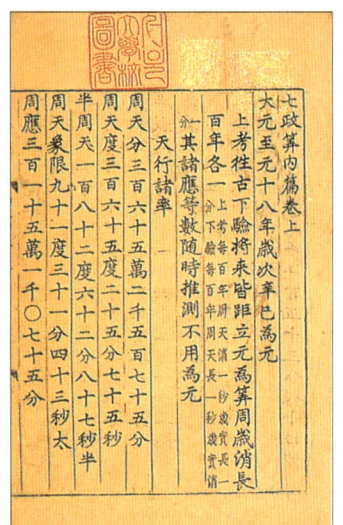

《칠정산》
《칠정산》에는 한 달의 길이가 29.530593일로 계산되어 있는데, 이는 오늘날 29.530588과 거의 차이가 나지 않을 정도로 정확한 것이었다.

앙부일구
세종이 장영실에게 만들도록 한 이 해시계는 종로에 설치되어 오가는 행인들에게 시간을 알려 주었다.

혼천의
천체의 운행과 그 위치를 측정하는 데 사용된 기기로, 역시 장영실이 제작하였다.

 덤

저절로 시간을 알리는 물시계 '자격루'

천민 출신이었지만 그 재주가 뛰어나 세종의 사랑을 받았던 장영실은 여러 가지 발명품을 만들어 냈다. 그 중 자격루는 자동으로 시간을 알려 주는 장치가 있는 물시계였다. 일정한 시간에 일정한 양의 물이 흘러 어느 정도 물이 차면 기계가 작동하여 자동으로 종, 북, 징을 치도록 고안되었다. 세종 때 만들어진 자격루는 현재 남아 있지 않으나, 1536년에 다시 만든 것이 경운궁(덕수궁)에 있다.

4장

도적이 의적 되는 세상

역사 연대표

- 1392년　이성계 즉위(태조), 조선 왕조 시작
- 1400년　제2차 왕자의 난, 이방원 즉위(태종)
- 1446년　세종, 훈민정음 반포
- **1453년　수양 대군, 정변에 성공(계유정난)**
- 1506년　연산군 몰아내고 중종 즉위
- 1592년　임진왜란 발발
- 1636년　병자호란
- 1708년　전국적으로 대동법 실시
- 1732년　담배 재배 금지
- 1791년　금난전권 폐지
- 1796년　화성 완성
- 1805년　안동 김씨, 세도 정치 시작
- 1811년　홍경래, 평안도 농민 전쟁 일으킴
- 1862년　진주 민란을 비롯해 전국에서 민란

청령포

저 기막히게 경치 좋은 숲속이 단종이 유배되었던 곳이다. 삼면이 강으로 둘러싸여 있고 남으로는 절벽이 가로막고 있어 마치 섬과도 같은 곳. 저곳에 갇힌 어린 단종의 심정은 어땠을까? 세조는 어린 조카를 이 먼 청령포까지 유배 보낸 것으로도 모자라 결국 자살을 강요했다. 강원도 영월에 있다.

4장 도적이 의적 되는 세상

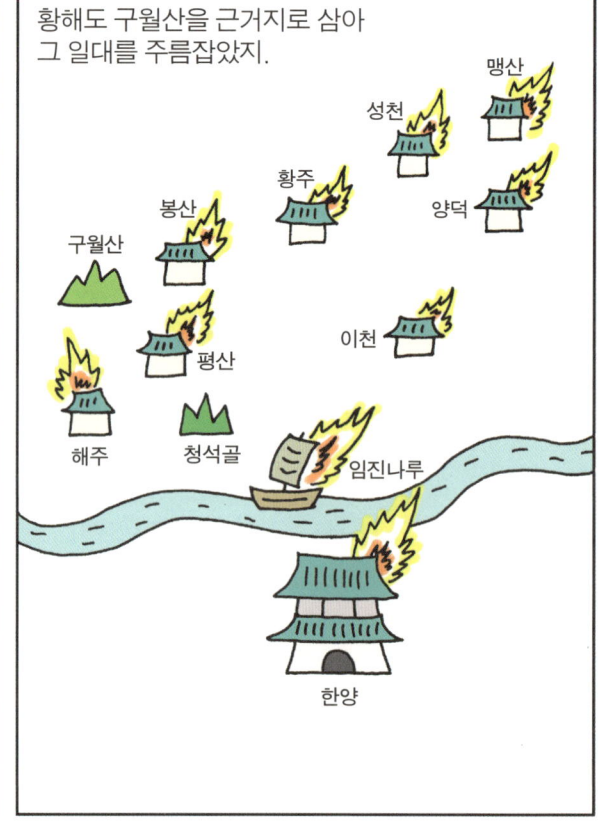

 역사 돋보기

왕의 이름은 어떻게 정할까?

태조니 세종이니 하는 왕의 이름은 어떻게 붙일까? 왕에게도 일반인들 같은 이름이 있었지만 존엄한 몸이기 때문에 누구도 그 이름을 함부로 부를 수 없었다. 글을 쓸 때에도 왕의 이름과 같은 글자가 나오면 비슷한 다른 글자를 써야 했다. 그러므로 왕이 살아 있을 때에는 '주상' 혹은 '전하'라고만 불렀다.

임금이 죽으면 비로소 살았을 때의 업적에 따라 이름을 붙였다. 예를 들어 태조의 정식 이름은 '태조강헌지인계운성문신무대왕'이다. 모두 죽은 후에 붙여 준 이름인데, 이 중 '태조'는 종묘에 영혼을 모실 때 붙인 이름이고, '강헌'은 명나라에서 내려 준 이름이며, '지인계운성문신무'는 생전의 업적을 기려 신하들이 바친 이름이다. '강헌'은 착하고 총명하다는 뜻이고, '지인계운성문신무'는 지극히 인자하고 운을 열었으며, 성스러운 학문과 신통한 무예를 지녔다는 뜻이다.

그럼, 조와 종의 차이는 무얼까? 나라를 세운 임금에겐 '조'를 붙이고 나라를 지킨 임금에게는 '종'을 붙인다고도 하고, 공이 많으면 '조', 덕이 많으면 '종'을 붙인다고도 한다. 원래는 나라를 새로 세운 임금에게만 '조'를 붙여 왔는데, 세조 이후 이런 원칙이 무너졌다.

공신들이 세조는 나라를 새로 세운 만큼의 공이 있으니 '조'를 붙여야 한다고 주장하였던 것이다. 그 후 함부로 조를 붙이는 경우가 많아졌다.
예를 들어, 선조는 임진왜란을 치렀다 하여, 인조는 광해군을 몰아내고 병자호란을 치렀다 하여 '조'를 붙이는 식이었다. 한편 왕의 아내는 '비'라고 했고, 후처는 '빈'이라 하였다. 비가 낳은 왕자는 '대군', 빈이 낳은 왕자는 '군'이라 하였는데, 이 중 다음에 왕이 될 이를 '세자'라고 하였다. 또 왕비가 낳은 딸은 '공주', '빈'이 낳은 딸은 '옹주'라 하였다.

덤

충성과 의리의 상징 사육신

세조를 몰아내고 단종을 다시 세우려다 들켜 죽임을 당한 성삼문, 박팽년 등 여섯 충신 사육신. 끝까지 세조를 왕으로 인정하지 않고 '전하'가 아니라 '나리'로 불렀다거나, 시뻘겋게 달군 쇠로 고문을 당하면서도 '쇠가 식었으니 더 달궈 오너라!'고 호통쳤다는 일화는 유명하다. 사진은 서울 노량진에 있는 사육신 묘다. 사육신의 저항은 유교의 덕목인 충과 의리를 지키려는 것이기도 하였지만, 신하들을 무시하고 왕이 마음대로 정치를 해 나가려는 데 대한 반발의 의미도 있었다.

종묘

태조니 태종이니 하는 이름은 왕이 죽은 후 종묘에 모셔질 때 붙여지는 이름이다.

5장

사림이 정치의 중심에 서다

역사 연대표

- 1392년   이성계 즉위(태조), 조선 왕조 시작
- 1400년   제2차 왕자의 난, 이방원 즉위(태종)
- 1446년   세종, 훈민정음 반포
- 1453년   수양 대군, 정변에 성공(계유정난)
- **1506년   연산군 몰아내고 중종 즉위**
- 1592년   임진왜란 발발
- 1636년   병자호란
- 1708년   전국적으로 대동법 실시
- 1732년   담배 재배 금지
- 1791년   금난전권 폐지
- 1796년   화성 완성
- 1805년   안동 김씨, 세도 정치 시작
- 1811년   홍경래, 평안도 농민 전쟁 일으킴
- 1862년   진주 민란을 비롯해 전국에서 민란

소수 서원

번잡한 도시와 정치를 떠나, 산 좋고 물 좋은 곳에서 마음껏 세상 이치를 공부하고자 했던 사람들. 저 누각에 오르면 세상 근심을 모두 벗어 버릴 듯하다. 그러나 이런 서원을 중심으로 많은 학자가 모이면서, 이들은 점점 세상일에 대해 목소리를 내기 시작했다. 경상북도 영주에 있다.

5장 사림이 정치의 중심에 서다 75

 역사 돋보기

엽기적인 그 왕, 연산군

조선 시대 임금 중에 조와 종이 붙는 정식 이름을 받지 못한 왕이 두 명 있다. 바로 연산군과 광해군. 둘 다 반대파에 의해 쫓겨나 제대로 대접을 못 받은 것이기는 하지만, 좀 억울한 면이 있는 광해군과는 달리 연산군의 경우는 정말 한 나라의 왕이라 보기 어려울 정도로 엽기적인 면이 많았다.

연산군은 성질이 매우 포악하여 내시들이 빨리 걷지 않는다고 곤장을 친 적도 있었고, 자기가 싫어하는 아버지 성종의 일을 입 밖에 냈다 하여 내시를 직접 칼로 친 적도 있었다. 관리들이 공부를 권하면 공부보다 자기 몸이 더 귀하다며 거들떠보지도 않았고, 스스로 '나는 어질지 못하다.'고 선언하여 신하들이 더 이상 할 말이 없도록 만들었다.

특히 전국의 미녀들을 뽑아 바치게 할 정도로 여색을 좋아하였다. 이 일을 위해 '채홍사'라는 관리까지 두었고, 이렇게 뽑혀 온 여자들을 직접 심사하기도 하였다. 당시 기생을 '운평'이라고 불렀는데, 이들이 궁궐에 뽑혀 오면 '흥청'이라고 하였다. '흥청망청한다.', '흥청거린다.'는 말은 날마다 흥청들과 놀아나던 연산군 때문에 나온 말이다.

물론 그가 이렇게 된 데에는 나름대로 이유가 있었다. 그의 어머니 윤비는 성종에게 버림받아 사약을 먹고 죽었다. 이 일에는 성종에 의해 새롭게 관리가 된 사림들의 건의가 큰 역할을 하였다. 윤비는 피를 토하고 죽으면서, 자신의 옷고름에 피를 묻혀 이것을 연산군에게 전해 달라고 부탁하였다고 한다. 연산군이 왕이 되자, 훈구 세력들은 윤비의 죽음을 빌미 삼아 사림파를 제거하려 하였다. 이 과정에서 수차례 사화가 일어났고, 연산군은 폭군이 되어 술과 여자로 세월을 보내게 되었던 것이다.

연산군 묘
원래 임금의 무덤은 '능'이라고 하지만, 연산군은 왕위에서 쫓겨났기 때문에 왕으로 인정받지 못해 '연산군 묘'라고 하며, 왕릉에 비해 초라하다. 서울 방학동에 있다.

덤

서원은 어떻게 지었나?
대부분의 서원은 경치 좋고 한적한 곳에 지었다. 번잡한 곳을 떠나 공부에 전념한다는 뜻이다. 서원은 훌륭한 유학자를 제사 지내고, 함께 모여 유교를 공부하는 두 가지 기능을 하는 곳이기 때문에, 건물도 그 기능에 맞게 지어졌다. 경치를 한눈에 볼 수 있는 누각문을 지나면, 양쪽에 공부방이 있고 정면에 강당이 있으며, 강당의 뒤편으로는 돌아가신 유학자들을 모시는 사당이 있는 식이다. 사진은 경북 안동에 있는 병산 서원이다.

6장

일본의 침략에 맞서 싸우다

역사 연대표

- 1392년   이성계 즉위(태조), 조선 왕조 시작
- 1400년   제2차 왕자의 난, 이방원 즉위(태종)
- 1446년   세종, 훈민정음 반포
- 1453년   수양 대군, 정변에 성공(계유정난)
- 1506년   연산군 몰아내고 중종 즉위
- **1592년**   **임진왜란 발발**
- 1636년   병자호란
- 1708년   전국적으로 대동법 실시
- 1732년   담배 재배 금지
- 1791년   금난전권 폐지
- 1796년   화성 완성
- 1805년   안동 김씨, 세도 정치 시작
- 1811년   홍경래, 평안도 농민 전쟁 일으킴
- 1862년   진주 민란을 비롯해 전국에서 민란

거북선

바람 앞의 등불처럼 나라가 위기에 처해 있을 때 가장 먼저 떨쳐 일어나, 가장 열심히 싸웠던 이는 언제나 이름 없는 민중들이었다. 고려 시대 몽골과의 전쟁 때도 그랬고, 조선의 임진왜란 때도 그랬다. 의병이 있어 왜군의 진격을 막았고, 이순신이 이끄는 조선 수군이 있어 마침내 승리할 수 있었다.

전국 통일의 상징 오사카 성
도요토미 히데요시가 전국을 통일한 후 쌓은 성이다.

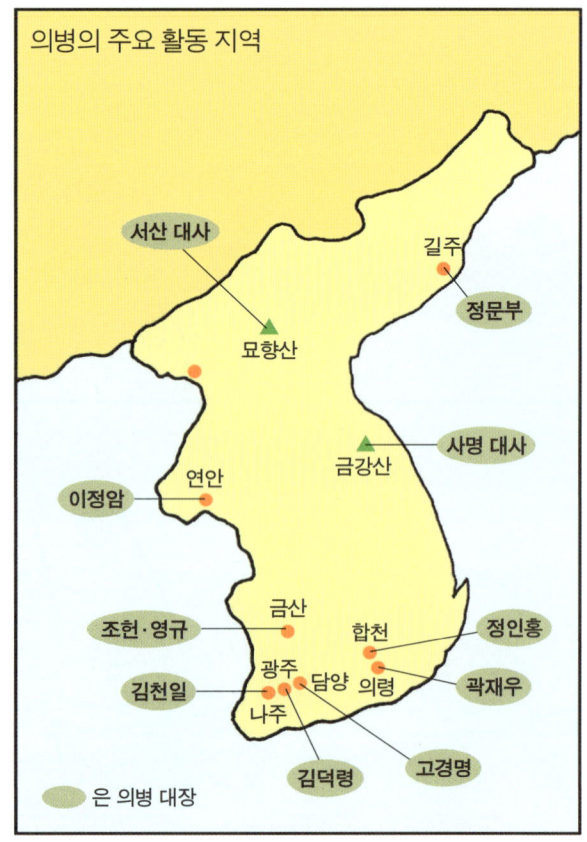

6장 일본의 침략에 맞서 싸우다 93

 역사 돋보기

위기일발, 《조선왕조실록》

왜군이 쳐들어왔다는 소문이 삽시간에 번져 나갔다. 사람들은 저마다 피난 떠날 채비를 차리느라 바빴다. 이 위급한 중에, 전주 태인에 사는 이름 없는 양반 안의와 손홍록은 전주 사고(역사 기록을 모아 두는 창고)에 보관되어 있는 태조의 영정과 《조선왕조실록》을 나르는 일을 맡겠다고 나섰다. 이들은 모두 50여 수레에 이르는 실록을 내장산의 동굴로 옮겼다. 얼마 후 왜군이 전주를 점령하였고 전주 사고는 불에 타 버렸다. 하마터면 실록이 사라질 뻔한 순간이었다.

총 1893권 888책, 한글로 번역할 경우 320쪽짜리 책 413권에 이르는 분량. 조선 왕조 500년 역사가 고스란히 담겨 있는 국보이자 유네스코 지정 세계 기록 문화 유산 《조선왕조실록》.

조선 시대에는 왕이 사관 없이 신하들을 만나는 것을 엄격히 금지하였다. 또한 왕은 원칙적으로 사관의 기록을 볼 수 없었기 때문에 사관은 왕의 눈치를 보지 않고 모든 일을 자세히 기록으로 남길 수 있었다. 사관의 기록은 여러 관청의 기록과 함께 실록의 자료가 되었다. 왕이 죽으면 이런 자료들을 모두 모아 꼼꼼히 검토하고 연대에 따라 다시 정리하여 실록을 만들었다. 검

《조선왕조실록》
1968년부터 3000여 명의 학자가 무려 25년에 걸쳐 실록을 한글로 번역하는 작업을 완성하였고, 이제 시디롬으로도 제작되어 누구나 쉽게 이용할 수 있는 그야말로 '역사의 보물 창고'가 되었다.

토는 세 번 이루어졌으며, 말썽을 없애기 위해 검토가 끝난 원고는 모두 물에 씻어 버렸다. 이렇게 만들어진 실록은 역대 왕들에 대한 평가가 들어 있기 때문에 왕은 볼 수 없었다. 당연히 보관도 신중하게 이루어졌다. 모두 4벌을 만들어 춘추관, 충주, 전주, 성주에 각각 보관하여 만일의 사태에 대비하였다. 그러나 임진왜란 때 손홍록, 안의가 옮겨 놓은 전주의 실록을 제외한 다른 곳의 실록이 모두 불타 버리자 다시 태백산, 묘향산, 오대산 등 더욱 안전하고 깊숙한 곳에 실록을 보관하여 현재까지 전해지게 되었다.

태백산 사고
임진왜란 때 살아남은 실록을 다시 4벌로 만들어 오대산, 태백산 등에 보관하였다. 현재는 서울대학교 규장각 도서관과 부산의 정부 기록 보존소, 그리고 북한의 김일성 종합 과학대학원에 각각 한 벌씩 보관되어 있다. 한 벌은 일제 때 일본으로 반출되었는데 간토(관동) 대지진으로 불타 버렸다.

 덤

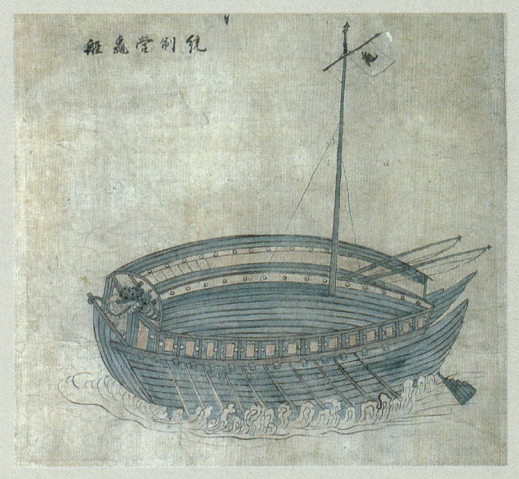

조선 수군이 승리할 수 있었던 비결은?

조선 수군의 주력은 판옥선이었다. 판옥선으로 대열을 이루고 유명한 거북선 한두 척이 돌격선의 역할을 한 것이다. 이 판옥선은 선체가 두껍고 밑이 평평하며 갑판이 높고 넓다는 특징이 있다. 이에 비해 일본의 주력선인 안택선은 속력을 빠르게 하기 위해 밑이 뾰족하고 선체가 얇았으며 판옥선보다 갑판이 낮았다. 일본은 전통적으로 배를 접근시켜 상대방 갑판에 뛰어올라 싸움을 벌이는 작전을 많이 썼는데, 판옥선은 안택선보다 훨씬 높았으므로 이런 작전을 쓸 수 없었다. 이에 비해 조선 수군은 일정한 거리를 두고 높고 넓은 갑판 위에서 포나 활, 불화살을 쏘아 적선을 격침하는 전술로 일본군을 물리칠 수 있었다.

7장

북벌이냐 북학이냐

역사 연대표

- 1392년 　이성계 즉위(태조), 조선 왕조 시작
- 1400년 　제2차 왕자의 난, 이방원 즉위(태종)
- 1446년 　세종, 훈민정음 반포
- 1453년 　수양 대군, 정변에 성공(계유정난)
- 1506년 　연산군 몰아내고 중종 즉위
- 1592년 　임진왜란 발발
- **1636년 　병자호란**
- 1708년 　전국적으로 대동법 실시
- 1732년 　담배 재배 금지
- 1791년 　금난전권 폐지
- 1796년 　화성 완성
- 1805년 　안동 김씨, 세도 정치 시작
- 1811년 　홍경래, 평안도 농민 전쟁 일으킴
- 1862년 　진주 민란을 비롯해 전국에서 민란

남한산성 수어장대

칼바람 휘몰아치는 추운 겨울. 남한산성에서 청나라 군대에 포위되어 40여 일간 항전하던 인조 일행은 결국 항복을 결정하게 된다. 신하의 옷을 입고 내려와 청나라 황제 앞에 세 번 머리 찧어 절하고, 아홉 번 허리 숙여 조아렸던 인조의 눈에서는 피눈물이 흘렀을 것이다.

45일 만에 인조는 산에서 내려왔어.

침략자를 향해 왕이 이마를 땅에 찧으며 세 번 절하고 아홉 번 머리를 조아리는 치욕적인 항복식까지 치렀지.

게다가 청나라 황제의 은혜를 찬양하는 비석까지 세워야 했지.

삼전도비

서울 잠실 석촌호수가에 아직 그 비가 남아 있단다.

그 비를 확 치워 버리면 좋을걸!

비를 없앤다고 역사가 없어지니? 치욕의 역사도 그대로 남겨서 두고 두고 교훈으로 삼아야지!

전쟁이 끝난 후, 인조의 아들 소현 세자와 봉림 대군을 비롯한 많은 사람이 청나라로 끌려갔어.

그 가운데 김상헌이란 사람은 이런 시조를 남겼지.

"가노라 삼각산아, 다시보자 한강수야. 고국산천을 떠나고자 하랴마는 시절이 하수상하여 올동 말동 하여라."

7장 북벌이냐 북학이냐 103

7장 북벌이냐 북학이냐

 역 사 돋 보 기

소현 세자는 독살되었나?

소현 세자는 인조의 맏아들로, 병자호란 때 청나라에 볼모로 끌려갔다. 그러나 소현 세자는 청에 머무는 동안 청의 높은 문화 수준을 보고 이 새로운 문물을 배워야 한다고 주장하였다. 청나라에 원한이 깊었던 인조는 이런 소현 세자를 미워하였고 청나라에서 돌아온 소현 세자가 갑작스럽게 죽자, 사람들 사이에서 독살된 것이 아닌가 하는 소문이 나돌았다.

실록에는, "세자는 청에서 조선으로 돌아온 지 얼마 되지 않아 병을 얻었고, 병을 얻은 지 며칠 만에 죽었다. 시체는 온몸이 새까맣고 뱃속에서는 피가 쏟아졌다."고 기록되어 있다. 원래 왕이나 세자가 죽으면 치료를 맡았던 의관이 처벌을 받는 법인데, 인조는 이상하게도 세자를 치료하였던 의관에 대한 조사를 막았다. 게다가 세자에게는 이미 아들이 있어 그 아들을 세손으로 삼아 왕위를 물려주어야 하였으나, 인조는 이를 무시하고 소현 세자의 동생 봉림 대군을 세자로 삼았다.

독살로 의심되는 죽음을 맞은 왕족은 소현 세자 말고도 더 있다. 경종은 배다른 동생인 연잉군(나중의 영조)이 올린 게장과 생감을 먹고 탈이 나 결국 목숨을 잃었다. 게장과 생감은 원래 상극이 되는 음식으로 당시 경종의 치료를 맡았던 의관이 같이 먹으면 안 된다고 하였으나, 연잉군은 이를 무시하고 경종에게 이를 올렸다 한다. 그리고 정조의 갑작스러운 죽음 뒤에도 영남 지방을 중심으로 정조가 독살되었다는 소문이 떠돌았다.

소현 세자, 경종, 정조의 죽음 뒤에는 모두 서인(노론)이 관련되어 있다는 공통점이 있다.
북벌을 주장하며 자신들의 잘못을 감추던 서인(노론)에게, 북학(청나라의 선진 문물을 배우자)을 주장하는 소현 세자가 왕이 되는 것은 악몽이었을 것이다. 자신들이 내쫓은 장희빈의 아들이 왕(경종)으로 즉위하자, 서인(노론)은 연산군 때와 같은 보복이 있을까 몹시 두려워하였다. 또한 아버지 사도 세자의 죽음을 기억하고 있는 정조가 왕권을 강화하며 그들을 압박하였으니, 그들로서도 위기를 느꼈을 것이다.
독살설은 그 사실 여부를 명확히 확인하기는 어렵지만, '노론이 왕을 죽였을 수도 있다.'는 생각이 사람들 사이에 떠돌 정도로 왕권이 약화되고 노론의 힘이 커진 상황이었음은 분명해 보인다.

남천주당
중국 베이징(북경)에 있는 것으로, 소현 세자와 서양인 선교사 아담 샬이 교분을 나누던 곳이다.

덤

《조선왕조실록》에 가장 많이 등장하는 인물은?

세종대왕? 이황? 이이? 이순신? 답은 '송시열'이다. 송시열은 서인(노론)의 우두머리로 북벌을 주장하였던 사람이다. 그는 청나라를 오랑캐라 여기고, 명에 대해 끝까지 의리를 지켜야 한다고 하였다. 그에게 명은, 유교를 가르쳐 주었을 뿐 아니라 왜란 때 조선을 구해 준 은인의 나라였다. 북벌이 실패로 돌아간 후에도 그는 청을 인정하지 않고, 명을 대신해 이제 조선이 유교의 도를 지켜 나가야 한다고 하였다. 그는 또 노론에 반대하는 남인을 철저히 몰아낸 것으로도 유명한데, 이 때문에 노론에서는 그를 공자나 맹자처럼 '송자'로 칭송하였고, 남인들은 자기 집 개이름을 '시열이'로 지어 그를 조롱하였다 한다. 이렇게 동지도 많고 적도 많다 보니 그를 둘러싼 논쟁이 많았던 것이다.

8장

대동법을 확대하라

역사 연대표

- 1392년   이성계 즉위(태조), 조선 왕조 시작
- 1400년   제2차 왕자의 난, 이방원 즉위(태종)
- 1446년   세종, 훈민정음 반포
- 1453년   수양 대군, 정변에 성공(계유정난)
- 1506년   연산군 몰아내고 중종 즉위
- 1592년   임진왜란 발발
- 1636년   병자호란
- **1708년   전국적으로 대동법 실시**
- 1732년   담배 재배 금지
- 1791년   금난전권 폐지
- 1796년   화성 완성
- 1805년   안동 김씨, 세도 정치 시작
- 1811년   홍경래, 평안도 농민 전쟁 일으킴
- 1862년   진주 민란을 비롯해 전국에서 민란

김홍도의 〈타작〉

부지런히 낟알을 훑고 볏단을 묶는 농부들의 얼굴에는 웃음이 가득하다. 그러나 그것도 잠시. 소작료에, 밀린 세금 그리고 빚을 갚고 나면, 이제 무얼 먹고 살까 수심이 밀려온다. 이런 농부들의 심정을 아는지 모르는지, 땅 주인 양반은 담뱃대 길게 물고 술병까지 챙겨 와서 농민들을 감시하고 있다.

8장 대동법을 확대하라

8장 대동법을 확대하라

역사 돋보기

삶의 한순간을 담은 그림, 풍속화

조선 후기에는 민중들의 생활을 담은 풍속화가 많이 그려졌다. 풍속화를 잘 그린 대표적인 화가로는 김홍도와 신윤복을 들 수 있다. 김홍도는 원래 궁궐에서 그림을 그리는 도화서 화가로, 모든 그림에 다 빼어났지만 특히 풍속화에 능하였다. 서당에서 천자문을 못 외워 종아리를 맞고 눈물을 훌쩍이는 아이의 모습이나, 한판 승부가 벌어지고 있는 씨름판의 모습을 그린 그의 작품을 보면 그 생생한 묘사에 절로 감탄사가 나온다.

김홍도와 쌍벽을 이루는 또 한 사람의 천재 화가가 바로 신윤복이다. 김홍도가 주로 가난한 민중들의 생활을 소재로 많이 다루었다면, 신윤복은 아름다운 여인이나 여흥을 즐기는 양반들을 소재로 하는 그림을 많이 그렸다. 그러다 보니 김홍도의 선은 힘차고 자신감이 넘치고, 신윤복의 선은 부드럽고 섬세하다. 김홍도가 배경을 생략하고 인물에 초점을 맞춘 데 비해, 신윤복은 주변 경치를 아름답게 묘사하는 경우가 많았고, 김홍도가 색을 거의 쓰지 않은 데 비해, 신윤복은 화려한 색을 즐겨 쓴 것도 차이점이라고 할 수 있다.

김홍도의 〈서당〉
눈물을 흘리는 아이 못지않게, 이를 안쓰럽게 쳐다보는 훈장님의 표정이나, 친구가 맞는 것을 보고 키득거리는 아이들 모습이 요즘 교실 풍경과 비슷하다.

신윤복의 〈단오풍정〉

단오를 맞아 노랑 저고리에 주홍 치마를 차려입고 그네를 뛰는 여인이나, 계곡물에 머리 감고 머리 손질을 하는 여인네들의 모습이 아름답다. 방물 장수 할머니는 노리개라도 하나 팔아 보려고 봇짐을 머리에 이고 찾아왔고, 소년(혹은 승려)들은 여인네들을 훔쳐보고 있다.

 덤

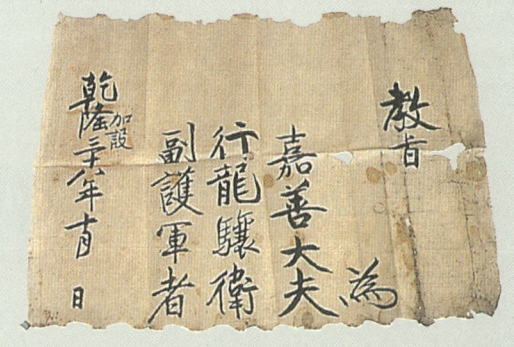

 **양반을 사고팔았다고?**

임진왜란과 병자호란을 치른 후, 나라 살림살이는 엉망이 되었다. 전쟁에서 입은 피해를 복구하여야 하였지만 당장 돈이 없었다. 나라에서는 돈을 마련하기 위해 관직 장사에 나섰다. 공명첩을 만들어 일정한 액수 이상의 돈을 나라에 내면 명예 관직을 준 것이다. 공명첩은 받는 사람 이름이 비어 있는 일종의 임명장으로, 돈을 내면 이름을 써서 준다. 숙종 때는 한 해에 무려 2만 장의 공명첩이 발급되었다고 한다. 나라에서 이런 식으로 양반, 관직을 팔겠다고 나섰으니, 민간에서도 신분을 사고파는 경우가 생겨났다. 박지원의 〈양반전〉은 이런 세상을 꼬집은 것이다. 엄격하기만 하던 양반과 상민의 구분은 이런 식으로 점차 무너져 갔다.

9장

토지를 농민에게

역사 연대표

- 1392년 　이성계 즉위(태조), 조선 왕조 시작
- 1400년 　제2차 왕자의 난, 이방원 즉위(태종)
- 1446년 　세종, 훈민정음 반포
- 1453년 　수양 대군, 정변에 성공(계유정난)
- 1506년 　연산군 몰아내고 중종 즉위
- 1592년 　임진왜란 발발
- 1636년 　병자호란
- 1708년 　전국적으로 대동법 실시
- 1732년 　담배 재배 금지
- 1791년 　금난전권 폐지
- 1796년 　화성 완성
- 1805년 　안동 김씨, 세도 정치 시작
- 1811년 　홍경래, 평안도 농민 전쟁 일으킴
- 1862년 　진주 민란을 비롯해 전국에서 민란

다산 초당

"이백 년 전 그대는 / 한 왕조의 치욕으로 태어나 / 이 민족의 자랑으로 살아 있습니다. / 가슴속 핏속에 살아 흐르고 있습니다. / 귀양살이 18년 혹한 속에서 그대는 / 만 권의 책 담으로 쌓아 고금동서 두루 살피셨습니다. / …… / 나라 걱정 백성 사랑 꿈엔들 / 한 시라도 잊으신 적 있으리오마는 / 때로는 탁한 세상 하 답답하여 / 탐진강 강물에 붓대를 휘저었습니다."

— 김남주, 〈다산이여, 다산이여〉 중에서

9장 토지를 농민에게

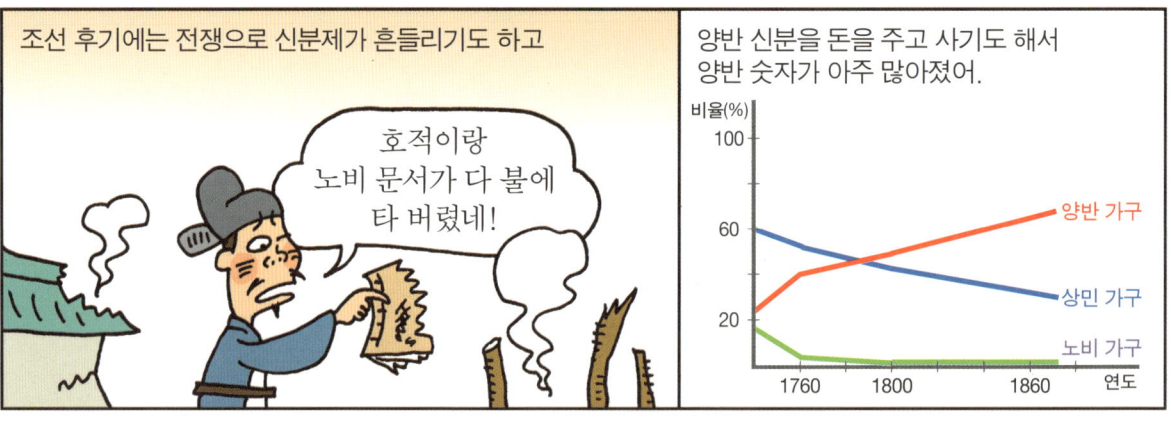

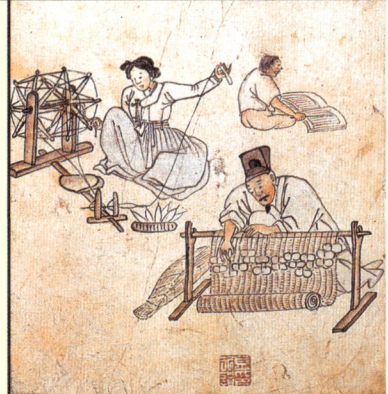

김홍도의 〈자리 짜기〉

9장 토지를 농민에게 **131**

역사 돋보기

호랑이 담배 피던 옛날은 언제?

"옛날 옛날 호랑이 담배 피던 시절에…."의 그 옛날은 과연 언제쯤일까? 사실은 그리 오래 되지 않았다. 우리나라에 담배가 들어온 것은 임진왜란 이후의 일이기 때문이다.

담배의 원산지는 남아메리카. 남아메리카를 침략한 유럽인들이 담배를 유럽으로 가져왔고, 이것이 동남 아시아를 거쳐 중국과 일본으로 전해졌다가, 우리나라에까지 들어온 것이다. 처음에 담배는 남쪽에서 들어온 풀이라 하여 '남초' 혹은 '남령초'라고도 하였고, '타바코'라는 발음을 따서 '담바고'라고도 불렀다. 담배는 바로 이 담바고가 변한 말이다. 조선 시대 사람들은 담배가 가래를 삭혀 주고 냉기를 없애 주며 술을 깨게 하는 효능이 있다고 믿었지만, 독성이 있으므로 주의하여야 한다는 것도 알고 있었다.

이처럼 조선 후기에는 일본이나 중국을 통해 새로운 작물들이 많이 들어왔다. 고추도 이때 들어온 것이다. 우리 밥상의 주인공이라 할 수 있는 고춧가루에 버무린 빨간 김치도 사실은 그렇게 오래된 것이 아닌 셈이다. 물론 고춧가루를 쓰지 않은 김치는 삼국 시대 이전부터 있었지만.

그 밖에 감자나 고구마, 옥수수, 호박도 이때 소개된 것들이다. 이런 작물의 원산지는 대부분 남아메리카인데, 그만큼 세계가 하나의 무역권으로 발전해 가고 있었음을 보여 준다.

덤

김치와 고추
임진왜란 때 일본군이 사람들을 독살하려고 가져왔으나 조선 사람들은 오히려 이를 즐겨 먹게 되었다는 옛이야기도 전해진다. 그러나 실제로는 중국으로부터 우리나라를 거쳐 일본으로 전해진 것으로 보인다.

중농학파 실학자
농업을 중시하고 토지 문제를 해결해야 한다고 주장한 실학자들을 중농학파 실학자라고 한다. 일찍이 유형원은 "모든 토지를 나라 땅으로 한 다음 관리, 선비, 농민들에게 그에 걸맞게 토지를 지급하자."고 주장하였다. 사진은 전북 부안에 있는 유형원의 유적지로 유형원이 《반계수록》을 집필한 곳이라 한다. 유형원은 이 책들을 통해 토지 문제 해결이 급하다고 주장하였다. 또한 이익은 "농민이라면 누구나 최소한의 토지는 가질 수 있어야 한다. 일정한 땅 면적을 정해 이보다 많은 땅을 가진 사람은 땅을 팔 수만 있게 하고, 이보다 적게 가진 사람은 살 수만 있게 하자."고 주장하였다.

담배 피는 여인(신윤복 〈밤길 안내〉 중)
조선 시대에 담배는 엄청난 인기를 끌어 양반 상민, 남자 여자, 어른 아이 할 것 없이 같이 피울 정도였다고 한다. 이에 따라 너도나도 담배 농사를 지어 나라에서 이를 금하기도 하였다.

10장

상공업을 발전시키자

역사 연대표

- 1392년 이성계 즉위(태조), 조선 왕조 시작
- 1400년 제2차 왕자의 난, 이방원 즉위(태종)
- 1446년 세종, 훈민정음 반포
- 1453년 수양 대군, 정변에 성공(계유정난)
- 1506년 연산군 몰아내고 중종 즉위
- 1592년 임진왜란 발발
- 1636년 병자호란
- 1708년 전국적으로 대동법 실시
- 1732년 담배 재배 금지
- **1791년 금난전권 폐지**
- 1796년 화성 완성
- 1805년 안동 김씨, 세도 정치 시작
- 1811년 홍경래, 평안도 농민 전쟁 일으킴
- 1862년 진주 민란을 비롯해 전국에서 민란

김홍도의 〈동구야련도〉

화로에서 뜨겁게 달군 쇠를 집게로 잡아 모루에 놓자 메(쇠망치)꾼이 번갈아 쇠를 친다. 아직 집게나 메를 잡을 실력이 못 되는 어린 일꾼들은 숫돌에 낫을 갈거나 대장장이들의 일을 곁눈질하며 풀무질이 한창이다. 조선 후기에는 장터가 많아지면서 이런 대장간도 더욱 많아졌고 규모가 큰 작업장이 나타나기도 했다.

143 10장 상공업을 발전시키자

10장 상공업을 발전시키자

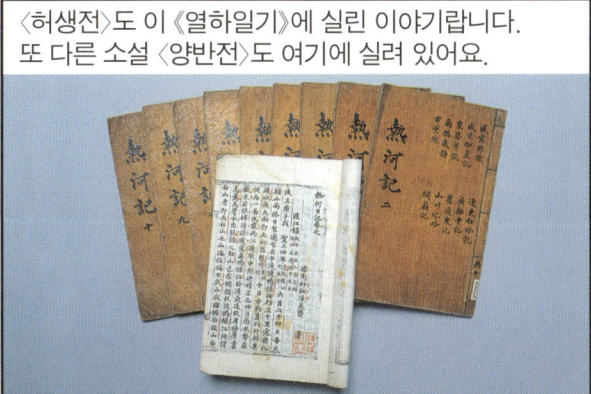

 역사 돋보기

거름 지고도 따라간 장날

조선 시대에는 농업을 귀하게 여기고 상업은 천히 여겨 되도록 억제하려고 하였다. 서울에서는 나라의 허락을 받은 상인들만 운종가(종로)에 모여 장사를 할 수 있을 정도였다. 이런 가게를 시전이라고 하였다. 그러나 조선 후기에 들어 사정이 많이 달라졌다.

이현(동대문)이나 칠패(남대문)에 자연스럽게 대규모 시장이 만들어졌고, 한강 나루를 통해 매일같이 새로운 물건이 들어오게 되었다. 이렇게 상업이 발달하면서 인구도 크게 늘어, 조선이 건국되었을 때 8만이 조금 넘던 한양 인구가, 어느덧 20만이 넘을 정도였다.

게다가 대동법이 시행되어 나라에서 필요한 물건을 시장에서 사 쓰게 되자 상업이 더욱 발전하였다. 나라에서는 잡상인(난전)을 단속할 수 있는 권리를 시전 상인에게 주었지만 별 소용이 없었고, 그나마 정조 때는 이런 권한을 폐지해 버렸다.

지방도 사정은 마찬가지였다. 전국 각지에는 이미 1,000여 개의 장시가 생겨나 있었다. '가는 날이 장날이다.'라는 속담처럼, 장시는 매일 열리는 것이 아니라 5일마다 한 번씩 열렸다. 정해진 날이 아닌 날 열리는 장을 '난장'이라고 하였고, 장이 끝나는 것을 '파

장'이라고 하였으며, 도매 시장을 '도뗴기 시장'이라고 불렀다. 장시를 옮겨 다니며 물건을 파는 사람들을 '보부상' 혹은 '장돌뱅이'라고 부른다. 보부상들은 자기들끼리 엄격한 조직을 갖추고 있었다. 장이 열리는 날이면 주변에서 몰려온 사람들로 장터는 하루 종일 북새통을 이루었다. 그야말로 '난장판', '도뗴기 시장' 같았던 것이다. 물건을 사고팔기도 하였지만, 세상 돌아가는 이야기도 나누고, 남사당놀이 같은 볼거리도 많았기 때문이다. 그래서 '남이 장에 간다고 하니, 거름 지고서 따라 나선다.'는 속담도 생겼다.

김학수의 〈시장도〉

"자, 싸요, 싸!" 손님을 부르는 장사치들의 고함 소리가 떠들썩하다. 손님을 유혹하는 물건들도 다양하고 오랜만에 장에 나온 사람들의 눈에도 호기심이 가득하다. 한쪽에서는 깎아 달라, 한쪽에선 못 깎아 준다 흥정이 한창인데, 주막집 굴뚝을 보니 출출한 속을 달래 줄 국밥이 한참 끓고 있는 모양이다. 남사당패라도 온다면 시장은 더 흥청거릴 것 같다.

 덤

중상학파 실학자

상업과 무역을 발전시키고 청나라의 발달된 문화를 받아들여야 한다고 주장한 실학자들을 중상학파 혹은 북학파 실학자라고 한다. 홍대용은 청나라에 갔을 때 서양 선교사를 만나 서양의 과학 서적과 자명종, 시계 등을 가지고 돌아왔고, 지구가 자전한다는 것을 논리적으로 밝혀 내기도 하였다. 박제가는 중국의 발달된 문화를 잘 배우기 위해 아예 중국어를 쓰자고 주장하기도 하였다. 그림의 선비는 홍대용으로, 청나라에서 사귄 선비 엄성이 그려 준 그림이다.

11장

화성을 쌓아라

역사 연대표

- 1392년　이성계 즉위(태조), 조선 왕조 시작
- 1400년　제2차 왕자의 난, 이방원 즉위(태종)
- 1446년　세종, 훈민정음 반포
- 1453년　수양 대군, 정변에 성공(계유정난)
- 1506년　연산군 몰아내고 중종 즉위
- 1592년　임진왜란 발발
- 1636년　병자호란
- 1708년　전국적으로 대동법 실시
- 1732년　담배 재배 금지
- 1791년　금난전권 폐지
- **1796년　화성 완성**
- 1805년　안동 김씨, 세도 정치 시작
- 1811년　홍경래, 평안도 농민 전쟁 일으킴
- 1862년　진주 민란을 비롯해 전국에서 민란

수원 화성

"왜 목숨을 걸고 적과 싸워야 하는 성을 험악하게 짓지 않고 아름답게 짓습니까?"라고 신하들이 항의하자, 정조는 "어리석은 신하들이여, 아름다움이 적을 이기느니라."고 답했다. 견고하면서도 아름다운 성 화성. 그러나 화성은 성으로서 제 역할을 한 번도 못한 비운의 성이기도 하다.

화성의 남문 팔달문

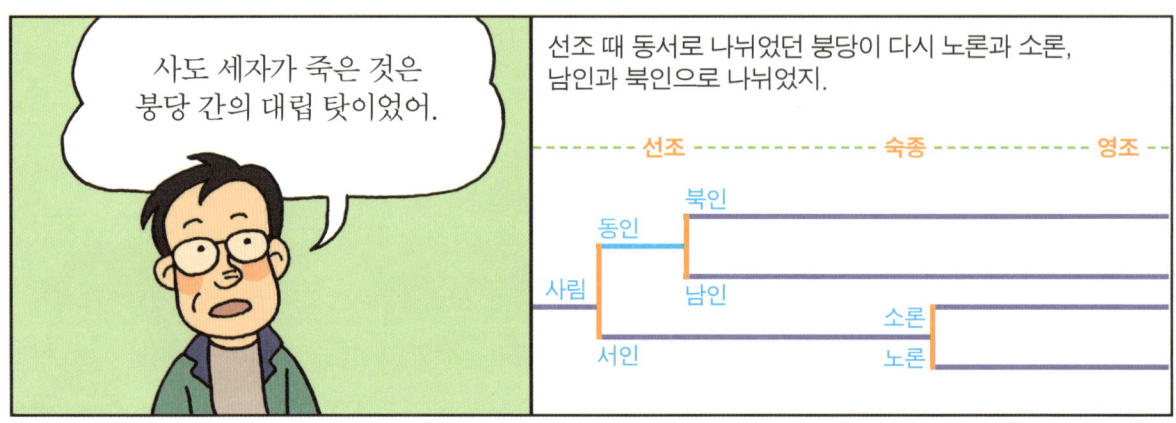

정종은 아버지 사도 세자의 능이 있는 수원으로 자주 행차를 했는데,

멈춰라! 무슨 일이냐?

징~ 징~

'격쟁'이라 해서 누구라도 행차 도중에 징을 치고 나서면 억울함을 호소할 수 있게 했고,

아뢰옵니다~!

평시에는 상소를 통해 백성의 여론을 꼼꼼히 챙기셨지.

오호라

백성의 소리가 하늘의 소리인데, 하늘이 그리 말씀하시네.

너희 권세가의 부정부패가 나빠!

마침내 정조는 수원에 새로운 도시를 건설할 계획을 세웠어.

한양은 이미 노론의 세상!

11장 화성을 쌓아라

11장 화성을 쌓아라 **163**

역사 돋보기

조선의 르네상스, 진경 산수화

한바탕 소나기가 쏟아진 후, 바위산인 인왕산이 비에 씻겨 검게 빛나고 있다. 산 아래로는 안개가 채 걷히지 않았지만, 소나무와 기와집은 선명하다. 정선의 이 그림 〈인왕제색도〉는, 인왕산 아래에 살던 수십 년 단짝 친구의 죽음을 슬퍼하며 그린 그림이라고 한다.

이 그림을 들고 광화문 앞에서 인왕산 쪽을 바라보면 "아, 이래서 진경 산수화라고 하는구나." 하는 생각이 절로 난다. 그때까지 조선의 화가들은 가 보지도 못한 중국의 경치를 그린 그림을 베끼거나 흉내 내서 그리고 있었다. 정선은 이런 데서 벗어나 우리나라의 경치를 직접 눈으로 보고 그렸다. '진짜 경치'를 그린 것이다. 이렇게 새로운 그림을 위해 정선은 '쓰다 버린 붓을 모으면 작은 무덤 하나가 만들어질' 정도로 쉼없이 그림을 그렸다고 한다.

정선이 이런 그림을 그릴 수 있게 된 것은 당시 사회 분위기와도 관련이 있다. 명나라가 망하고 청나라가 들어서면서, 중국에서 이어지던 유교의 흐름이 끊어졌고 이제 조선이 그 흐름을 이어받게 되었다는 생각

이 퍼졌다. 이런 생각은 조선에 대한 자부심을 높여 주었고, 우리나라에 대해 연구하는 사람도 많아졌다. 게다가 정선은 중인이 아니라 엄연한 양반 출신이었지만, 화원이 되었다.
몰락한 양반 가문에서 태어나 14살에 아버지마저 잃은 그가 화원이 된 이유는 먹고살기 위해서였다. 몰락한 양반은 돈 많은 상민보다 나을 것이 없는 시대, 그런 시대 속에서 정선이라는 천재 화가가 탄생하였던 것이다.

정선의 〈인왕제색도〉

 덤

견고하면서도 아름다운 성, 화성

조선 시대에는 나라에 큰 행사가 있으면 이를 꼼꼼히 기록하여 다음에 참고할 수 있도록 하였는데, 이러한 기록을 '의궤'라고 한다. 화성을 쌓을 때도 그 준비 과정에서부터 사용된 경비와 자재, 투입된 인원, 성의 구조 등을 세밀히 담은 《화성성역의궤》가 만들어졌다. 이 책에는 심지어 건물별로 쓰인 못의 규격과 수량, 단가까지 기록되어 있다고 한다. 그림은 《화성성역의궤》에 그려진 〈장안문 외도〉로, 성문을 다시 둘러싼 옹성이 있어 적이 성문을 공격하러 오면 포위 공격을 할 수 있도록 만들어졌음을 알 수 있다.

12장

새로운 세상을 꿈꾸는 농민들

역사 연대표

- 1392년   이성계 즉위(태조), 조선 왕조 시작
- 1400년   제2차 왕자의 난, 이방원 즉위(태종)
- 1446년   세종, 훈민정음 반포
- 1453년   수양 대군, 정변에 성공(계유정난)
- 1506년   연산군 몰아내고 중종 즉위
- 1592년   임진왜란 발발
- 1636년   병자호란
- 1708년   전국적으로 대동법 실시
- 1732년   담배 재배 금지
- 1791년   금난전권 폐지
- 1796년   화성 완성
- **1805년   안동 김씨, 세도 정치 시작**
- 1811년   홍경래, 평안도 농민 전쟁 일으킴
- 1862년   진주 민란을 비롯해 전국에서 민란

운주사 와불

운주사에 누워 있는 저 돌부처님. 언제 새겼는지도 모를 저 미륵부처님이 거대한 몸을 움직여 일어나면 새로운 세상이 열린다는 소문이 사람들 사이에 떠돌았다. 이렇게 사람들은 새로운 세상이 오기를 소망하고 있었다. 전라남도 화순에 있다.

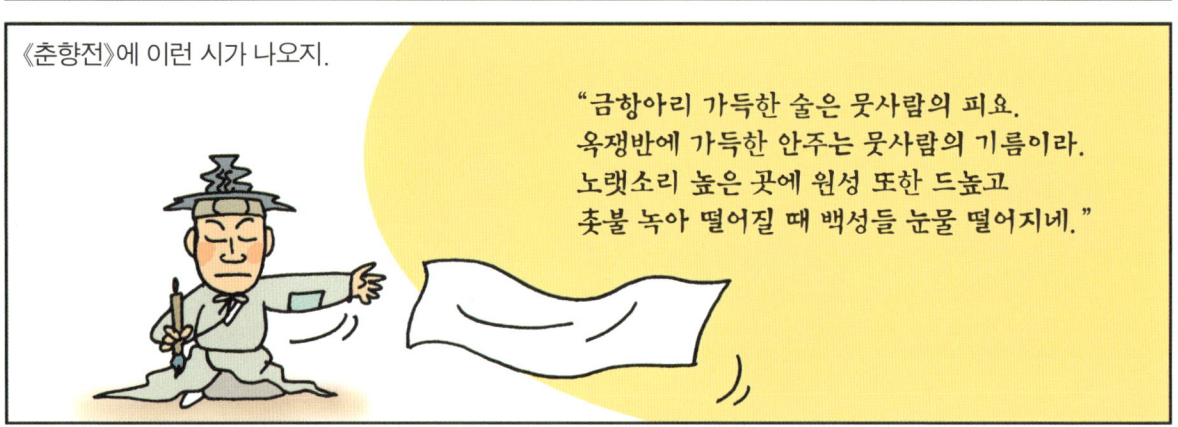

북천주당
1784년, 선비 이승훈이 우리나라 사람으로는 최초로 천주교 세례를 받았던 곳이다. 베이징(북경)에 있다.

12장 새로운 세상을 꿈꾸는 농민들

 역 사 돋 보 기

말뚝이가 여는 세상

말뚝이가 양반을 소개한다.

"쉬이, 양반 나오신다. 양반이라고 하니까 노론, 소론, 호조, 병조, 옥당(홍문관)을 다 지내고, 3정승, 6판서를 다 지내고, 퇴물 재상으로 계신 양반인 줄 아지 마시오. 제갈양이라는 양자에, 개다리 소반이라는 반자 쓰는 양반이 나오신다는 말이오."
"야 이놈, 뭐야?"

아무리 신분 질서가 무너지고 있다지만 상민이 양반을 이렇게 놀려도 된단 말인가? 이런 일은 탈춤판이기에 가능하였다. 농민들은 명절이나 특별한 날에 마을굿을 벌여 풍물을 울리고, 탈춤을 즐겼다. 한바탕 분위기가 무르익으면 평소 가지고 있던 양반에 대한 불만들이 거침없이 쏟아져 나왔다. 특히 탈을 쓰면 욕이 더욱 서슴없이 튀어 나왔다.

"네 이놈! 너희 하는 일 볼진 데는 능지처참할지로되, 차마 죽이지 못하고 내 용서할 것이니, 너희 마음 고쳐먹고…."

탈춤놀이에서 농민들의 조롱거리가 된 것은 양반만이 아니었다. 겉으로는 부처님을 모신다고 하면서 속으로는 여자와 돈을 탐하는 승려들도 마찬가지였다. 말뚝이는 비록 하인이었지만, 양반과 승려가 얼마나 무능하고 타락하였는지를 고발하고 조롱하면서 당당히 주인공 역할을 하였다. 조선 후기 농민들이 그러했던 것처럼….

봉산 탈춤의 한 장면

덤

하회별신굿 파계승
겉으로는 나무아미타불을 외면서 속으로는 여자와 돈을 밝히는 승려도 조롱거리가 되었다.

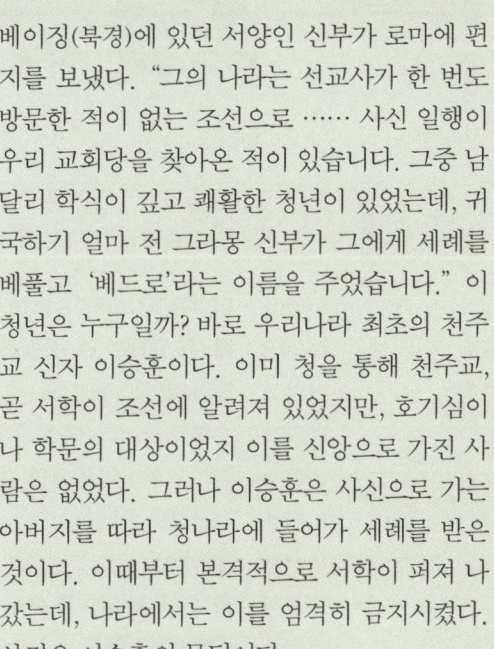

천주교는 어떻게 들어왔나?

베이징(북경)에 있던 서양인 신부가 로마에 편지를 보냈다. "그의 나라는 선교사가 한 번도 방문한 적이 없는 조선으로 …… 사신 일행이 우리 교회당을 찾아온 적이 있습니다. 그중 남달리 학식이 깊고 쾌활한 청년이 있었는데, 귀국하기 얼마 전 그라몽 신부가 그에게 세례를 베풀고 '베드로'라는 이름을 주었습니다." 이 청년은 누구일까? 바로 우리나라 최초의 천주교 신자 이승훈이다. 이미 청을 통해 천주교, 곧 서학이 조선에 알려져 있었지만, 호기심이나 학문의 대상이었지 이를 신앙으로 가진 사람은 없었다. 그러나 이승훈은 사신으로 가는 아버지를 따라 청나라에 들어가 세례를 받은 것이다. 이때부터 본격적으로 서학이 퍼져 나갔는데, 나라에서는 이를 엄격히 금지시켰다. 사진은 이승훈의 무덤이다.

13장

평안도에서 일어난 홍경래

역사 연대표

- 1392년 이성계 즉위(태조), 조선 왕조 시작
- 1400년 제2차 왕자의 난, 이방원 즉위(태종)
- 1446년 세종, 훈민정음 반포
- 1453년 수양 대군, 정변에 성공(계유정난)
- 1506년 연산군 몰아내고 중종 즉위
- 1592년 임진왜란 발발
- 1636년 병자호란
- 1708년 전국적으로 대동법 실시
- 1732년 담배 재배 금지
- 1791년 금난전권 폐지
- 1796년 화성 완성
- 1805년 안동 김씨, 세도 정치 시작
- **1811년 홍경래, 평안도 농민 전쟁 일으킴**
- 1862년 진주 민란을 비롯해 전국에서 민란

〈평안 감사 선유도〉

'평양 감사도 제 싫으면 그만.'이라는 속담처럼 평안도는 관리들이 한몫 단단히 잡을 수 있는 땅이었다. 국방을 담당하고 중국 사신을 접대해야 한다는 명목으로 세금을 한양에 바치지 않고 자체적으로 알아서 썼기 때문이다. 그러나 평안도 사람들은 조선 초부터 심한 차별 대우를 받고 있었다. 대동강을 대낮처럼 밝힌 저 뱃놀이도 벼슬아치들에겐 더할 나위없는 오락이었겠지만, 평양 주민들에게는 고통이었을 것이다.

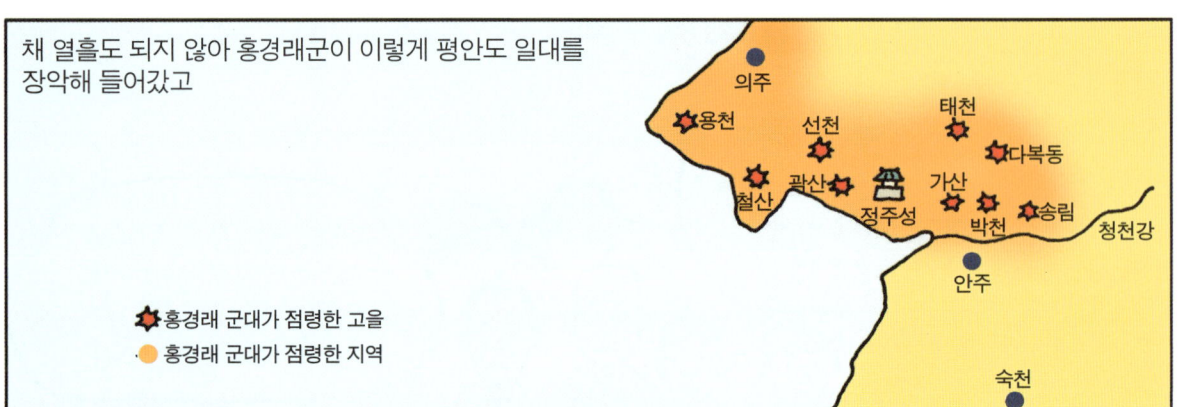

 역사 돋보기

천하대장군, 지하여장군

부릅뜬 눈, 커다란 주먹코, 험상궂은 입, 그러나 무섭다기보다는 우스꽝스러운 얼굴. 이렇게 마을 어귀에 세워진 수호신을 장승, 장생 혹은 벅수라고 하였다. 남녀를 짝으로 세워 천하대장군, 지하여장군이라 부르는 경우도 있었고, 부처님과 비슷하게 여겨 미륵이라 부르기도 하였다. 나무를 깎아 만들기도 하였고 돌로 만든 경우도 많았다. 제주도의 돌하르방도 장승의 일종이다.

이런 장승은 특히 조선 후기에 많이 만들어졌는데, 어려운 현실에서도 희망을 잃지 않았던 사람들의 마음을 잘 보여 준다. 사람들은 세상일이 뜻대로 풀리지 않으면 장승을 찾아가 기도를 하기도 하고, 굿판을 벌이기도 하였다. 한 해 농사를 준비하는 정월 대보름을 전후로 해서는 마을 전체가 장승 주변에 모여 풍년과 마을의 평화를 비는 한바탕 축제를 벌이기도 하였다. 먼 길을 떠났던 사람들이 고향으로 돌아올 때 가장 먼저 반겨 주던 것도 장승이었고, 캄캄한 밤길에 불안한 마음을 달래 주던 것도 장승이었다. 엉터리 같은 세상에 화가 난 농민들이 들고 일어날 때에도 장승은 그 큰 눈을 더 부릅뜬 채로 이 농민들을 지켜보았을 것이다.

덤

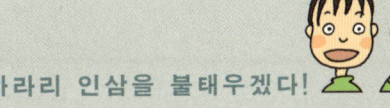
차라리 인삼을 불태우겠다!

조선의 무역상 임상옥이 청에 인삼을 팔러 갔을 때, 북경 상인들은 인삼값을 내리기 위해 다 같이 인삼을 사지 말자고 약속을 해 두고 있었다. 임상옥은 헐값에 인삼을 파느니 아예 불태워 버리겠다고 배짱을 부렸고, 결국 북경 상인들은 황급히 사과하고 오히려 더 비싼 값에 인삼을 사야 했다. 조선은 해마다 청나라에 사신을 보냈는데, 이 사신 행렬을 따라 상인들도 청나라에 들어가 무역을 하곤 하였다. 조선의 인삼 등을 팔고 청나라에서 귀한 물건을 사오면 엄청난 이익이 났기 때문에, 이런 공식적인 무역 외에도 국경 부근에서는 밀무역을 하는 사람이 많았다. 홍경래군의 총참모였던 우군칙도 의주 상인을 낀 홍삼 밀무역으로 돈을 모은 사람이다. 사진은 금산의 인삼밭.

실상사 장승
조선 후기에 솟아오르는 민중들의 힘을 잘 보여 주는 장승이다. 실상사 입구에 세워진 이 장승은 높이 2.5미터에 벙거지를 쓴 모습인데, 큰 눈과 주먹코, 힘찬 표정으로 유명하다.

천하대장군과 지하여장군

14장

전국적으로 일어나는 민중들

역사 연대표

- 1392년　이성계 즉위(태조), 조선 왕조 시작
- 1400년　제2차 왕자의 난, 이방원 즉위(태종)
- 1446년　세종, 훈민정음 반포
- 1453년　수양 대군, 정변에 성공(계유정난)
- 1506년　연산군 몰아내고 중종 즉위
- 1592년　임진왜란 발발
- 1636년　병자호란
- 1708년　전국적으로 대동법 실시
- 1732년　담배 재배 금지
- 1791년　금난전권 폐지
- 1796년　화성 완성
- 1805년　안동 김씨, 세도 정치 시작
- 1811년　홍경래, 평안도 농민 전쟁 일으킴
- 1862년　진주 민란을 비롯해 전국에서 민란

유계춘의 무덤

저 초라한 무덤은 누구의 것일까? 온갖 돌조각으로 호화롭게 장식된 많은 무덤과 달리 이 무덤 앞엔 그 흔한 비석조차 하나 없다. 탐관오리의 횡포에 맞서 진주에서 농민 봉기를 이끌었던 유계춘의 무덤. 아직도 우리 마음속에서 그들은 온전히 대접받지 못하고 있다. 경상남도 진주에 있다.

14장 전국적으로 일어나는 민중들 **199**

4권에서
그 역사가 밝혀집니다!

 역사 돋보기

까치 호랑이

어느 날 까치에게 호랑이가 찾아왔다. "까치야, 새끼 한 마리만 다오. 안 주면 올라가서 너까지 잡아먹는다." 까치는 무서워서 새끼를 호랑이에게 내주었다. 다음 날도, 그 다음 날도. 새끼를 빼앗긴 까치가 눈물을 흘리고 있자 토끼가 다가와서 물었다. "까치야 까치야, 왜 우니?" "호랑이가 내 새끼를 세 마리나 잡아먹었어. 이제 한 마리 남았는데 이 새끼마저 빼앗길까 봐 슬퍼서 울어."
토끼가 이 말을 듣고 웃으며 말하였다. "호랑이에게 새끼를 못 주겠다고 해. 호랑이는 나무 위로 못 올라가. 올라올 테면 올라와 보라고 해." 까치는 토끼 덕분에 새끼를 지켰다. 호랑이는 화가 나서 토끼를 찾아 나섰지만, 결국 토끼 꾀에 속아 혼이 난다. 〈까치 호랑이〉는 이런 옛이야기를 그림으로 그린 것 같다. 이 이야기에서 까치는 힘없는 백성, 호랑이는 백성들을 못살게 구는 못된 관리로 볼 수 있다.
그러고 보면 호랑이의 저 우스꽝스럽고 욕심 많아 보이는 얼굴은 못된 관리와도 닮아 있는 것 같다. 〈까치 호랑이〉와 같은 그림을 '민화'라고 한다. 민화는 방을 장식하거나, 나쁜 일을 막고 좋은 일을 기원하는 부적 같은 의미에서 그려진 그림들이다. 이런 그림들은 예술적으로 뛰어나다거나 귀한 것은 아니었지만, 당시 사람들의 소망과 자유분방한 표현을 살펴볼 수 있어 요즘 들어 많은 사랑을 받고 있다.

〈까치 호랑이〉
원래는 표범이 '복'을 나타내고 까치가 '기쁜 소식'을 나타내는 그림이었으나, 우리나라에 들어오면서 호랑이와 까치로 바뀌었다.

〈용이 된 잉어〉
잉어가 거센 물살을 헤치고 황허 상류의 용문 계곡을 거슬러 올라가면 용이 된다는 '등용문' 이야기를 그린 것으로, 아들이 과거에 급제하거나 출세하기를 바라는 마음이 담겨 있다.

덤

저 비석을 깨뜨려라!

비석치기, 비석까기 혹은 망까기라고도 불리는 놀이. 돌을 비석 삼아 세워 놓고 상대방이 돌멩이를 던져 맞춰 넘어뜨리는 놀이다. 이 놀이는 어디서 유래하였을까? 옛 관청 주변에는 대개 비석거리가 있었다. 고을 원님이 떠날 때 그 업적을 칭송하여 주민들이 비를 세워 주는 곳이다. 원래는 주민들이 자발적으로 고을을 잘 다스려 준 원님에게 감사하는 마음으로 비를 세웠지만, 나중에는 수령이 스스로 나서 주민들에게서 강제로 돈을 거둬 비를 세우는 경우가 많아졌다. 비석치기는 이런 엉터리 비를 조롱하기 위해 생겨난 놀이라고 한다.

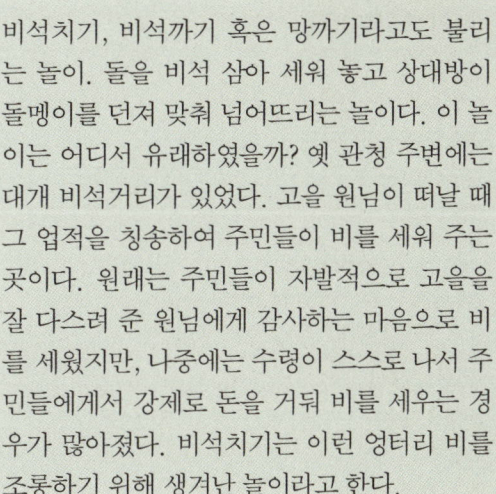

초등학생을 위한 살아있는 한국사 3
−조선 건국부터 조선 후기까지

초판 1쇄 발행일 2004년 5월 24일
개정1판 1쇄 발행일 2015년 2월 2일
개정2판 1쇄 발행일 2024년 9월 23일

원작 전국역사교사모임
글 이성호
그림 이은홍

발행인 김학원
발행처 휴먼어린이
출판등록 제313-2006-000161호(2006년 7월 31일)
주소 (03991) 서울시 마포구 동교로23길 76(연남동)
전화 02-335-4422 **팩스** 02-334-3427
저자·독자 서비스 humanist@humanistbooks.com
홈페이지 www.humanistbooks.com
유튜브 youtube.com/user/humanistma **포스트** post.naver.com/hmcv
페이스북 facebook.com/hmcv2001 **인스타그램** @human_kids

기획 정미영 **편집** 신영숙 **디자인** 김태형 AGI 임동렬 기하늘 **책임 사진** 권태균
용지 화인페이퍼 **인쇄** 삼조인쇄 **제본** 해피문화사

ⓒ 이은홍·이성호, 2004

ISBN 978-89-6591-586-7 77910
ISBN 978-89-6591-583-6(세트)

• 이 책은 저작권법에 따라 보호받는 저작물이므로 무단 전재와 무단 복제를 금합니다.
• 이 책의 전부 또는 일부를 이용하려면 반드시 저작권자와 휴먼어린이 출판사의 동의를 받아야 합니다.
• **사용 연령 8세 이상** 종이에 베이거나 긁히지 않도록 조심하세요. 책 모서리가 날카로우니 던지거나 떨어뜨리지 마세요.

가장 많은 현장 교사가 믿고 추천하는 우리 아이 첫 역사 입문서!

역사를 공부하려는 학생이 많아지고 있지만 교사의 입장에서 아이들에게 추천할 만한 책은 그리 많지 않은 것이 현실이다. 이 책은 어린이들의 눈높이로 역사를 바라보며 연구하는 선생님들이 집필했기에 믿음이 간다. 처음 역사 여행을 떠나는 아이들의 발걸음을 가볍게 해 줄 책이다.
— 석병배 구리인창초등학교 교사, 역사교육연구소 어린이분과 연구원

중학교에서 역사를 가르치는 나에게 국정 교과서에서 벗어나 다양한 역사 교육을 가능케 했던 《살아있는 한국사 교과서》는 선물과도 같은 책이었다. 이 책을 재구성한 《초등학생을 위한 살아있는 한국사》는 만화로 그려져서 초등학생 아이들도 우리 역사를 쉽게, 그리고 제대로 배울 수 있다.
— 김현숙 서울청운중학교 교사

재미만이 아닌 고증된 사실로 한국사 전체를 꿰뚫어 볼 수 있다. 부록에는 아이들이 흥미로워 할 만한 내용이 수록되어 역사에 관심이 많은 아이나 역사에 부담을 갖고 있는 아이 모두를 만족시킬 것이다.
— 강희 서울은진초등학교 교사

생생하게 살아 있는 한국사를 접할 수 있는 좋은 책이다. 톡톡 튀는 등장인물과 적절한 사진 자료를 사용하여 머릿속에 쏙쏙 들어가도록 구성되어 있다. 이 책에 등장하는 가족처럼 부모님과 아이가 함께 둘러앉아 읽기를 추천한다.
— 이진아 서울진관초등학교 교사

재미있고 말랑해 보이는 만화 안에 탄탄한 내용이 담겨 있다. 암기 위주의 역사 공부에서 벗어나 우리 역사의 여러 사건과 인물에 대해 아이들이 스스로 생각하고 느낄 수 있게 도와주는 책이다. 아이들에게 역사를 어떻게 가르쳐야 할지 고민하는 초등학교 선생님에게도 추천한다.
— 정미란 서울노일초등학교 교사, 역사교육연구소 어린이분과 연구원

재미와 역사 학습이라는 두 마리 토끼를 모두 잡은 책이다. 깊이 있는 내용을 재미있게 서술하여 역사를 어려워하는 아이들도 역사 속으로 푹 빠지게 한다. 특히 '역사 돋보기'로 유물과 유적, 인물 등에 대한 이야기를 더 배울 수 있어 역사 공부에 많은 도움이 된다.
— 김현애 　서울영림초등학교 교사

어린이들이 바르고 건전한 역사관을 갖추도록 하면서도, 만화 형식이라 쉽고 친근하다. 역사적 사실과 함께 각 시대별 문화·예술·과학 등에 대해서도 함께 다루어져 생생하고 입체적인 독서 체험이 가능하다. 아이들뿐만 아니라 초등학교 선생님이라면 반드시 읽었으면 한다.
— 손미경 　서울연희초등학교 교사

역사적 사실뿐만 아니라 사건의 의미와 흐름을 담아내어 암기 위주의 기존 역사 공부에서 벗어나게끔 하는 책이다. 만화를 통해 이해하기 쉽게 설명되어 한국사의 흐름이 저절로 잡힌다. 더 이상 한국사가 암기 과목이 아님을 깨닫게 해 준다.
— 김민우 　남양주별내초등학교 교사, 역사교육연구소 어린이분과 연구원

대부분의 초등학생들에게 역사는 어렵고 힘든 과목일 것이다. 그런 학생들을 보면서 우리의 과거와 현재를 알기 쉽게, 또 재미있게 전하고 싶었다. 《초등학생을 위한 살아있는 한국사》는 이 두 가지 고민에 대한 해답이 담겨 있는 소중한 책이다.
— 우주희 　서울대조초등학교 교사

초등학생의 눈높이에서 우리나라 역사를 쉽고 재미있게 이야기하고 있는 책. 역사를 어려워하는 아이도 친근하게 다가갈 수 있고, 역사 탐구 학습의 방법까지 제시하고 있어 어린이를 위한 자기 주도형 한국사 입문서로 좋은 책이다.
— 김아영 　서울수리초등학교 교사